互联网背景下高校思想政治教育
理论与实践研究

张 迦 ◎ 著

中国书籍出版社
China Book Press

图书在版编目（CIP）数据

互联网背景下高校思政教育理论与实践研究 / 张珊著. -- 北京 : 中国书籍出版社, 2023.12
ISBN 978-7-5068-9784-6

Ⅰ. ①互… Ⅱ. ①张… Ⅲ. ①高等学校-思想政治教育-研究-中国 Ⅳ. ①G641

中国国家版本馆CIP数据核字 (2023) 第 245785 号

互联网背景下高校思政教育理论与实践研究

张珊 著

图书策划	欧阳孝
责任编辑	杨馨
封面设计	博雅文化
责任印制	孙马飞 马芝
出版发行	中国书籍出版社
地　址	北京市丰台区三路居路97号（邮编：100073）
电　话	（010）52257143（总编室）（010）52257140（发行部）
电子邮箱	eo@chinabp.com.cn
经　销	全国新华书店
印　刷	天津和萱印刷有限公司
开　本	710毫米 × 1000毫米 1/16
字　数	232千字
印　张	12.25
版　次	2024年8月第1版
印　次	2024年8月第1次印刷
书　号	ISBN 978-7-5068-9784-6
定　价	76.00元

版权所有　翻印必究

作者简介

张丽，女，1985年11月出生，江苏省丹阳市人，毕业于南京工业大学，硕士研究生学历，现任南京工业大学副教授。研究方向：马克思主义理论与大学生思想政治教育。主持并完成江苏省哲学社会科学项目一项，在《人民论坛》《学校党建与思想教育》《新华日报》等各级各类报刊发表论文二十余篇。

作者简介

前　言

随着时代的变化,高校大学生的思想观念、价值取向以及行为方式都发生了深刻的变化,高校思想政治教育如何适应新时代的校园环境,如何促进当今大学生的全面健康发展,是当前高校思想政治教育所面临的一个重要问题。

高校在中国特色社会主义事业中扮演着不可替代的角色,在党的领导下,高校全面贯彻党的方针政策,通过为学生提供全面的教育,努力培养造就更多符合社会需求的人才,为实现国家的繁荣和发展作出了巨大贡献。同时,高校不断推动科技创新,参与社会服务,传承和创新文化,积极开展国际交流与合作,为国家的全面发展和国际影响力的提升贡献着力量。正因如此,高校思想政治工作显得尤为重要。通过思想政治工作,高校可以引导师生树立正确的世界观、人生观、价值观,确保高校教育始终与社会主义核心价值观相一致,为培养德智体全面发展的社会主义建设者和接班人提供坚实的思想基础。

随着互联网技术的日益发展,传统行业正经历着全方位的数字化和信息化改革,从而形成了全新的商业模式和生产方式。这深刻的变革不仅带来了经济结构的调整,也对社会文化、价值观念产生了深远的影响。高校作为人才的培养基地,必须紧跟时代步伐,理解并适应"互联网+"时代的特征,以更好地履行自身的教育使命。面对"互联网+"的时代背景,如何在大学生价值取向引导、行为方式引领与思维模式塑造等方面进一步创新思想政治教育工作方法,成为摆在思想政治教育工作者面前的一道考题。

"互联网+"时代的到来彻底改变了信息传播的格局,给高校思想政治教育带来了巨大的变化。在传统的思想政治教育中,信息传播受到时间和空间的限制,而"互联网+"时代则突破了这些限制,呈现出速度飞快、传播范围广泛、信息密度大的特点。以马克思主义理论为例，它是培养学生社会主义核心价值观的基石。然而，在传统教育方式下，这一理论传播受到时间和空间的限制，学生只能通过有限的教材、课堂讲解等途径获取。而在"互联网+"的大背景下，这一理论可以通过网络平台瞬间传播到世界各地，实现信息的即时传递。同时，通过在线教育平台、社交媒体、数字化资源等手段，高校可以将理论知识以更为生动、直观的方式呈现给学生，激发他们的学习兴趣，实现教育效果的最大化。因此，要将网络技术与先进理论相结合，创新思想政治教育工作载体，践行全员、全过程、全方位育人的初衷。

本书一共分为五章。第一章为高校思政教育的理论基础，主要介绍了思政教育的概念及演进，思政教育的地位及作用，思政教育的价值及目标，思政教育的学科发展；第二章为高校思政课教学概况，主要介绍了高校思政理论课教学现状，高校思政理论课教学设计，高校思政理论课教学方法；第三章为高校思政教育的体系构建，主要介绍了高校思政教育的长效机制，高校思政教育的维度体系，高校思政教育的话语重塑；第四章为互联网背景下高校思政教学实践，主要介绍了高校思政课教学中微信移动平台的创新应用，高校思政课教学中微电影教学的创新应用，高校思政课教学中VR技术的创新应用，高校思政课教学中"云课堂"的创新应用；第五章为互联网背景下高校思政教育队伍建设，主要介绍了互联网对高校思想政治教育的影响，互联网对高校思想政治教育队伍建设的新要求。

在撰写本书的过程中，作者参考了大量的学术文献，得到了许多专家学者的帮助，在此表示真诚感谢。本书内容系统全面，论述条理清晰、深入浅出，但由于作者水平有限，书中难免有疏漏之处，希望广大同行及时指正。

张丽

2023 年 8 月

目录

第一章 高校思政教育的理论基础 …………………………………… 1
- 第一节 思政教育的概念及演进 ………………………………… 1
- 第二节 思政教育的地位及作用 ………………………………… 8
- 第三节 思政教育的价值及目标 ………………………………… 14
- 第四节 思政教育的学科发展 …………………………………… 20

第二章 高校思政课教学概况 ………………………………………… 23
- 第一节 高校思政理论课教学现状 ……………………………… 23
- 第二节 高校思政理论课教学设计 ……………………………… 27
- 第三节 高校思政理论课教学方法 ……………………………… 39

第三章 高校思政教育的体系构建 …………………………………… 54
- 第一节 高校思政教育的长效机制 ……………………………… 54
- 第二节 高校思政教育的维度体系 ……………………………… 87
- 第三节 高校思政教育的话语重塑 ……………………………… 103

第四章 互联网背景下高校思政教学实践 …………………………… 120
- 第一节 高校思政课教学中微信移动平台的创新应用 ………… 120
- 第二节 高校思政课教学中微电影教学的创新应用 …………… 130

第三节　高校思政课教学中 VR 技术的创新应用 ……………… 140
　　第四节　高校思政课教学中"云课堂"的创新应用 ……………… 146

第五章　互联网背景下高校思政教育队伍建设 …………………… 163
　　第一节　互联网对高校思想政治教育的影响 …………………… 163
　　第二节　互联网对高校思想政治教育队伍建设的新要求 ……… 178

参考文献 ………………………………………………………………… 186

第一章 高校思政教育的理论基础

大学生思想政治教育是大学生德育的重要组成部分，也是提高大学生思想道德修养和基本素质的主要途径。本章主要介绍了思政教育的概念及演进，思政教育的地位及作用，思政教育的价值及目标，思政教育的学科发展。

第一节 思政教育的概念及演进

一、思政教育概念的诠释

"思想政治教育"是思想政治教育学的基本概念，也是基础性概念和核心概念：自从 20 世纪 80 年代提出"思想政治工作是一门科学"以来，探讨思想政治教育概念始终是一个热点。

（一）概念现象表达

概念是人类对事物的认识和反映，在现实生活中人类用概念指代事物，可见，概念是人类协调自己与周围关系的手段，是人类活动不可缺少的环节。人如果不对其周围的事物形成一套用以指导自己行为的观念，就无法生存于这些事物之中。知识体系是人类的认识成果，它是以概念为基本元素而构建起来的。"思想政治教育学原理"就是由大量概念为基本元素（或基本原料）而构建起来的体系。我们用概念进行思维，即以概念为工具来进行思维。概念是思维的基础和工具，概念将影响甚至决定我们思维的状况和质量。人们自幼就会接触到概念，但那时只认识字而不理解概念，在之后的成长中才会慢慢理解概念，并且会对某些概念亲近，对某些概念抵触，这种情况贯穿于生活、工作与交往中。

（1）概念以客观世界为基础。客观世界的复杂多样决定了对应概念的复杂多样，客观世界的丰富复杂决定了概念的丰富复杂，客观世界的系统层次决定了概念的系统层次。

（2）人的认识能力是有限与无限的统一，决定了人在认识概念时，是一个不断深化和精确化的过程。对概念的认识，有着向外延联系宽广和内涵深刻精确发展的可能。

（3）概念是科学认识的结晶。概念是认识精细化过程，是对名称的反复提炼的结果。一个事物的名称可以是多种多样的，但概念一般只是一个，是经过提炼和精确化的结果，也是科学研究的结晶。概念是人的认识成果，它还包含人的主观性因素，不同人、不同时代对同一对象的认识及其用词会有不同，进而也会有不同的特点和意义。即使同一用词，也会有不同的性质和意义。观念的历史，是在观念的连续和间断的交织中展开的。任何一个观念，哪怕是最具有持续性的观念，也都会在不同的时代形成不同的原则，呈现出不同的性质和意义，这是观念史研究的任务。

通过探讨思想政治教育概念，我们希望深化认知思想政治教育自身，拓宽思想政治教育学内部空间，为思想政治教育学提供丰富充盈的知识，提升"研究自信"。首先，在探讨过去中，体会到"概念的工具意义"，认识"概念"的重要性；其次，了解思想政治教育概念的现状；最后，感受"研究自信"，并向"研究自觉"过渡，从进入思想政治教育学术领域到思想政治教育科研自觉。

（二）思政教育概念的问题分析

思想政治教育概念至今缺乏权威解读，这固然是热议思想政治教育概念的一个原因，但它还不是根本原因。根本原因在于，长期以来，"思想政治教育是什么"是时时提醒人们要回答的一个问题，正是这个提问促使人们追问思想政治教育概念是什么。直到目前为止，虽然思想政治教育学科已经建立，但还没有清晰地回答"思想政治教育是什么"的问题。关于思想政治教育这一个概念，至今还缺乏科学界定，缺乏科学而充分的论证。思想政治教育是什么，还说不清楚。在其他理论与实践领域，思想政治教育名称也没有获得统一。

在社会生活中，思想政治教育或思想政治工作一词没有获得公认，更不要说思想政治教育概念的界定了。在生活实践中，与思想政治教育有关的用词非常多，如思想政治教育、思想政治工作、思想政治建设、精神文明建设、精神文明创建活动、和谐社会创建活动、党的建设、文明城市建设、先进文化建设、马克思主义学习型政党建设、基层党组织创先争优活动等等。之所以缺乏相对统一的用词，还不能用思想政治教育概念来统一表达同类社会实践活动，在于社会还没有公认思想政治教育概念，或者是客观上无法用一种概念来表达如此多样的社会实践现象。

（1）思政教育是思想政治教育学的核心概念，也是基础概念，是一个元概念。思想政治教育概念尽管至今缺乏统一的定义，争议甚多，但这种现象在许多学科中也存在，故属于普遍现象。思想政治教育学探讨它，不仅仅因为有争议，更主要是它属于基础理论课题。

（2）思政教育是思想政治教育理论建设和实践活动的出发点。出发点清晰是后续思想政治教育学研究和建设活动的必要条件。

（3）思政教育是探讨思想政治教育其他理论和实践问题的依据。例如，探讨思想政治教育的本质，既可以从"思想政治教育本质是什么"入手，也可以从"思想政治教育是什么"入手。从一定意义上说，从"思想政治教育本质是什么"入手，不仅有些抽象和令人费解，也容易让人陷入理论的困境。而从"思想政治教育是什么"入手，可以从存在入手，直接探讨"思想政治教育是什么"，再去探讨思想政治教育本质。这种从事实入手的做法，可以使探讨的思路更清楚和更明白些。这种探讨路径，也容易获得实际工作者响应，引起更多人的关注和参与。

探讨思想政治教育概念，对于不同社会领域和不同群体来说，有不同的理解。思想政治教育学者有责任从理论上厘清思想政治教育概念的内涵和外延，给思想政治教育概念下一个相对明确的科学定义。作为思想政治教育学人，进入这一领域，就需要追问"思想政治教育是什么"，随之而来也会出现两个问题，并且应将这两个问题作为基本问题伴随学习与研究活动，一是不断问"思想政治教育是什么"，直到能够完全理解这一概念；二是力求将思想政治教育概念用科学语言表达出来，能够用它进行思想政治教育理论研究与宣教活动。

二、思政教育概念的演进

思想政治教育概念历史发展保存着思想政治教育概念演变的丰富信息，既有不同历史阶段人们的认识活动和认识成果，也有认识经验，并且保存着关于思想政治教育发展的某种规律。

（一）思政教育概念的演进分析

思想政治教育是中国共产党的优良传统和政治优势，是建设中国特色社会主义的重要思想保证。思想政治教育概念的提出、变化经历了长期的历史发展过程，在与时俱进的代际递进中继承发展。通过较长的历史演进过程，对思想政治教育概念的认识已经形成多种传统和视角。

1. 马克思主义

早在19世纪40年代，马克思和恩格斯作为社会主义运动的先驱者，不仅着手创立了马克思主义理论体系，而且还在国际工人运动中积极参与政治宣传和思想政治工作。从其经历我们便可以看出，早在马克思主义诞生的初期阶段，思想政治教育就已经成为工人运动不可或缺的一部分了。

其后，斯大林在联共十七大总结报告中再一次引入了这一概念，其中明确提出了"思想工作"和"政治思想工作"。他不仅详细阐述了政治思想工作的基本内容，而且深入研究了政治工作与组织工作、经济工作之间的辩证关系。这为思想政治教育提供了更为系统和全面的理论框架，将其与其他领域的工作相互关联，形成了一个有机的整体。

通过对马克思、恩格斯和斯大林的经历以及其所提出的多种概念进行综合分析，我们可以看到思想政治教育并非是后来才出现的概念，它是伴随着马克思主义的产生而产生，并在社会主义运动中扮演着重要角色。尽管这些理论先驱们并没有对思想政治教育进行系统的理论总结，但他们在实践中已经对其进行了梳理，这为后来的理论建设和实践奠定了基础。

2. 中国共产党

综观历史，我们可以发现"思想政治教育"的内涵发生了如下的变化：政治工作—思想政治工作—思想政治教育。中国共产党在创立过程中就非常重视政治宣传，坚持思想政治教育为政治斗争服务。

思想政治教育界提出"思想政治工作是一门科学",由此开始了思想政治教育科学化进程。随着长期的工作与实践,"思想政治教育"概念逐渐取代政治工作、政治思想工作等,与思想政治工作概念同时使用,成为新时期一种比较统一的提法。不过,必须要明确的一点是,现阶段思想政治教育概念主要仍在高校思想政治教育领域使用,其他领域一般使用思想政治工作、政治工作等概念。

3. 学理

回顾中华人民共和国成立初期,社会正经历着新民主主义革命时期的巨变以及随后的社会主义建设初期。在这个历史阶段,关于革命和建设的讨论不仅仅局限于实际的政治、经济层面,更是深入理论工作、思想工作和政治工作的领域中。这一时期对理论工作、思想工作和政治工作的高度重视,将其视为推动革命和社会主义建设的"生命线"。在改革开放初期,"思想政治教育"这一具体的说法相对较少,当时关注点主要集中在广泛意义上的政治工作和思想政治工作。然而,随着改革的深入和高校体制的不断调整,1984年,高校首次设立了思想政治教育专业,这标志着这一领域的专门化和体系化发展正式启动。从此以后,"思想政治教育"逐渐成为高校教育中备受关注的焦点之一。随着时间的推移,思想政治教育在高校中逐步建立了专科、本科、硕士、博士四个层次的专业体系,思想政治教育科学化、学科化趋势日益发展,以张蔚萍、张耀灿、郑永廷、邱伟光、王礼湛等为代表的一大批思想政治教育专家对思想政治教育概念进行了深入研究,学界对思想政治教育概念的研究更加系统化、科学化,思想政治教育概念的表述更加丰富,成为思想政治教育概念研究的宝贵资源。

4. 其他学科

随着学科之间交叉融合的兴起,思想政治教育的概念变革受到了来自不同领域的多学科观点的审视。在新民主主义革命时期和社会主义建设初期,思想政治教育紧密结合着社会主义建设的需要,致力于通过引导和培养特定群体的思想和观念,推动整个社会的发展。因此,这一时期的思想政治教育工作主要强调政治任务和政治目标,具有鲜明的政治性质,其服务对象涵盖了军人、干部、党员以及广大群众,此外还强调思想建设,从思想上建党。德育的对象主要是学生,德育即思想政治和品德教育,是教育学的德育分支。思想教育对象则是所有人,强调对人们进行以政治为核心的思想教育和道德教育，属于教育学和政治学范畴。国内外从政治社会化和政治心理角度研究思想政治教育，形成了政治学视角。

随着改革开放的深入，企业界对于管理的研究也在不断地深入，不再像过去那样仅仅局限于对物质资源的有效配置，而是越来越关注员工的思想、精神以及心理状态。这种转变使得企业文化在这个背景下成为承载和传递思想政治教育的平台。企业文化不仅仅是组织内部的价值观念和行为准则，更是一种潜移默化的思想引导和政治教育的载体。通过营造积极向上的企业文化氛围，企业可以塑造员工的思想品质、价值观念，激发员工的创新精神和团队合作意识，为企业的可持续发展奠定坚实基础。在这种转变的推动下，管理心理学和行为科学应运而生，这两个学科为企业提供了更深层次的思想政治教育视角，同时，也拓展了思想政治教育的理念和范围。

（二）思政教育概念演进中的不同观点

在思想政治教育领域，有很多在语义上非常接近的术语，如"政治工作""思想工作"以及"思想政治教育"等等，由于它们在语义上的相似性，使得其往往在实践和理论研究中被交替使用，这混乱的使用模式严重影响了人们对于思想政治教育的理论框架的建立，也影响了相关研究的深入展开。因此，明确各个术语的定义、内涵和使用场景，有助于建立起更为清晰的思想政治教育体系。这样的辨识工作不仅有助于学者们更准确地交流和表达，也为思想政治教育的实践提供了更为明晰的指导原则，有助于该领域的科学发展。因此，对于思想政治教育不同名称的准确定义和辨识，成为学界的热点问题，并产生了如下观点：

1. 性质方面

通过对"政治工作""思想政治教育""思想工作"和"德育"四组概念的学界研究进行系统梳理，我们可以清晰地看到它们在性质、工作领域和工作对象等方面的各自特点。在性质规定上，政治工作、思想政治教育、思想工作表现出了很多的相似之处，首先，它们都强调政治性，注重对人们思想观念的引导和塑造。其次，它们也有着共同的工作对象，即受教育者。但是它们所强调的教育范围存在大小差异，比如德育就以思想道德为主要领域，但其也会受到政治因素的制约。

在实际活动中，思想政治教育有三种模式，分别是政治工作模式、思想政治工作模式和思想政治教育模式。这三种模式既有共同的起源和传统，体现了对思想政治教育的共同认知，又在现实中呈现出各自独特的特点。因此，为了更好地推进思想政治教育的科学化，有必要开展跨领域的交流和合作，充分利用各模式的优势，共同致力于推动思想政治教育事业的发展。这不仅有助于各方更好地理解和运用这些概念，也有助于为思想政治教育提供更加全面和有效的指导。

2. 概念方面

学界还对"道德教育""德育"和"思想政治教育"这三个概念进行了深入的探讨和区分。首先，道德教育的焦点在于培养受教育者的道德认识、道德情感、道德意志和道德行为，其内容涵盖了社会公德、家庭美德、职业道德、个人品德等四个方面，强调的是对个体道德素养的培养。道德教育所包含的范围最小，但却是培养公民素质不可或缺的一环。其次，德育和思想政治教育都包括政治教育、思想教育和道德教育。然而，它们之间存在一些明显的差异。德育的研究内容主要集中在学校内，着重于对在校的学生群体进行研究，旨在通过学校环境和教育体系，培养学生的道德观念和品德。与之不同的是，思想政治教育的对象范围更为广泛，不仅包括学校思想政治教育，还包括企业、农村、社区、军队等各个领域的思想政治教育。思想政治教育的目标是通过全面深入的教育，引导个体在不同社会领域中形成正确的政治思想和观念，从而为社会的和谐稳定作出贡献。综合而言，这三者之间的关系体现了从个体到集体、从学校到社会的教育层次和范围递进的特点。每个层次都有其独特的目标和方法，共同构建了一个全面而有序的教育体系。

3. 内涵方面

学界还对政治工作与思想政治教育、政治思想工作、思想政治教育与政治思想工作的内涵进行了深入探讨。政治工作与思想政治教育和政治思想工作之间存在着包含的关系。政治工作包含思想工作和组织工作这两个基本方面，还包括干部队伍建设、共青团建设和青年工作、民主制度建设、纪律检查和行政监察工作等等。思想政治教育或政治思想工作指的是对个体和群体进行思想和政治方面的教育，也就是广义上的思想工作。具体而言，政治工作作为一个整体，其包含多个组成部分，其中之一即是思想政治教育或政治思想工作。这部分工作的核心在于通过各种手段和途径，引导、教育个体在思想和政治观念上保持正确的方向。这涉及意识形态的传播、价值观念的塑造，以及社会成员之间的相互理解和协调。

上述观点为我们提供了对于思想政治教育、政治工作、思想政治工作和德育等概念进行全面梳理和深入辨析的理论框架，有助于我们重新审视并准确识别这些相似概念之间的差异和共性，这对于确保理论体系的严密性至关重要。通过对这些容易混淆概念进行明晰划分，我们能够更好地把握它们在教育和社会治理中的具体职能和责任，这有助于避免我们在实践中出现对概念的混淆和误用，确保相关工作的有效性和针对性。最终，通过深化对思想政治教育概念的理解，我们能够更好地指导实践工作，提升思想政治工作的质量。这种理论上的清晰性有助于促进教育体系的健康发展，为培养具有正确思想政治观念的公民和领导力量提供坚实基础。

第二节 思政教育的地位及作用

思想政治教育是我们党的优良传统，是我们国家的政治优势，在我国长期的革命和建设中发挥着巨大的作用。分析思想政治教育的地位，正确认识它的地位，以及重视它的地位，才能更好地发挥它的作用。

一、思政教育的地位

（一）经济活动

首先，我们需要深刻认识到在社会治理的过程中，法律、法规的制定和执行与经济利益之间有着紧密相连的关系，甚至可以说经济利益就是影响二者的核心因素。经济利益之所以能够成为核心影响因素，原因在于它在很大程度上能够成为激发人们积极性和行动力的强大动力。经济利益作为一种直接而具有实质性的回报，能够直接影响个体和群体的行为。在现实中，当个体感受到他们的经济利益受到保护时，他们才会积极参与遵守社会规范，参与法律制度的执行。相较之下，法律、规章制度等形式化的制度虽然在维护社会秩序和规范行为方面发挥着重要作用，但其刺激作用相对间接且抽象。

但是，对于人们积极性的涌现，需要认识到其根源不仅仅是来自经济方面的直接刺激，而更多地是由思想和意识层面的激励所推动。在人类发展的过程中，思想、观念、意识的塑造与人们的物质活动、交往方式以及实际生活的语境息息相关，深刻地影响着个体和群体的认知，以及人们的态度和行为。尽管人们在日常生活中参与着各种经济活动，但我们不应简单地将人视为纯粹的"经济动物"。人是一个多维的存在，是同时具有社会性和政治性的，人们的行为和决策不仅仅受限于狭义的经济考量，更会受到社会和政治层面的影响。因此，回到法律、法规、规章制度的制定和实施上，这不仅涉及经济利益，还涉及社会、政治和个体的多层次利益，唯有综合考量，才能确保法律能够更全面、更有效地促进社会的发展和个体的全面进步。

其次，在社会问题的解决过程中，我们必须将关注焦点放在人们的切身利益上，这才是解决问题的关键。然而我们还需要注意的是，尽管经济活动在社会中扮演着重要的角色，但仅仅依靠经济本身难以解决人们面临的根本问题，因此，为了切实解决这些问题，深入开展思想教育工作显得尤为重要。只有通过引导和培养人们正确的思想观念，才能使他们在解决社会问题时不仅关注经济因素，还考虑到更为深刻的思想层面。

人们的行动往往受到对"事理"的理解程度的影响。这种"事理"并非仅仅局限于经济活动的具体细节，而是更深刻地体现在个体的意识观念中。只有当个体能够透彻地理解这些"事理"，才能真心实意地投入各种活动之中。在这一过程中，思想教育工作扮演着关键的角色，它不仅仅会给个体灌输某种思想观念，更是通过引导和培养的方式，使个体能够形成独立、理性的思考，从而明白事理。这种思想教育有助于培养人们对社会、人际关系等方面的深刻理解，使其在行动中更具有针对性和目的性。

思想政治教育在社会发展和经济活动中具有重要作用，它是一种为经济提供精神动力的关键手段。与单纯依靠物质和经济激励相比，思想政治教育以人的思想教育工作为落脚点，旨在激发个体的积极性和责任感，推动他们更加投入、真诚地参与社会事务。思想政治教育的核心在于引导个体形成正确的价值观和世界观，并通过培养批判思维和综合思考的能力，使人们在经济活动中不仅仅关注物质利益，更注重社会责任和公共利益。

（二）政治活动

政治活动的本质在于人与人之间关系的展开，这一过程中有着特定的运行机制和行为规则，与经济活动相比，政治活动更加规程化和制度化，呈现出一种更为复杂和有序的结构。政治的规程化和制度化使得社会在面对复杂的人际关系和资源分配时能够更有序地运作，从而为人们提供了一种组织结构，使得权利、责任、义务等在社会中得以明确定位。这种规程化不仅为政治活动提供了有效的运行方式，也为社会的稳定和有序发展提供了基础。在这个过程中，人的能动自主得到了最充分的体现。在政治活动过程中，个体有机会参与决策过程，表达自己的观点，并能通过投票等方式影响社会的发展方向。这种自主性不仅仅是一种权利，更是一种社会参与的责任。

也正因此，思想政治在政治活动过程中具有巨大的发展潜力。通过引导人们树立正确的思想观念，思想政治可以为政治活动提供更加清晰的方向，促使社会在政治层面更好地实现人的全面发展。通过加强思想政治教育，可以培养更具责任感和公民意识的个体，使他们更理性、更积极地参与政治活动，从而推动社会向更加公正、平等的方向发展。这种思想政治的引导作用，为政治体系的健康运作和社会的可持续发展提供了重要支持。思政教育在政治活动中的地位体现在以下几方面：

1. 思想政治导向着政治建设

在塑造一个稳定政治体系和社会秩序的过程中，思想政治的作用不容忽视。不论是政权机构的成立，还是法律法规的出台，都离不开它的影响。特别是对于在经济领域占据主导地位的社会群体来说，如果不善于在政治上处理问题，那么将难以在长期内巩固自身的社会地位与经济优势。然而，政治建设并非是一件轻而易举的工作，它需要综合考虑多个方面的因素。首先，确立清晰的方向对于政治建设的整个进程至关重要，这需要明确政治体系的理念和核心价值观，以便为社会提供一个明确的发展方向。同时，明晰政治建设的路径也是不可或缺的。在这一过程中，需要全社会的努力，包括政府、民间组织和普通公民。只有在解决了方向、路径和最终目标等关键问题上找到合适的解决方案，才能真正实现可持续、稳定的政治建设，从而为社会的长期繁荣和稳定打下坚实的基础。为此，不能仅仅只靠经验来逐步摸索，还需要深刻理解政治建设的本质，而这就需要思想政治的指导。思想政治在这里不仅仅是理念和信仰的体现，更是一种为政治建设提供清晰方向、正确价值观和可持续发展路径的核心力量。它承担着引领社会走向和为政治决策提供智慧指引的责任。因此，正确的思想政治引导对于政治建设的成功至关重要。缺乏正确的思想政治理念将导致政治建设缺乏明确的指引和目标，可能陷入盲目和无序的状态，最终对社会的政治制度和发展产生负面影响。

2. 思想政治导向着人们的社会政治行为

当人们跨入社会政治活动领域时，必须跨越被物质所限制的社会眼界。在现实生活中，要想真正担当好社会的政治角色，实现人的政治社会化，就需要人们以社会政治运行的机制和行为规则来规范自己的政治行为。然而，规范的政治行为并非独立存在，它是由相应的政治观念和政治觉悟所引导的。因此，接受思想政治教育成为人们践行社会政治行为必不可少的重要环节，这种教育不仅仅是为了传递政治知识，更是加深了个体对社会政治的深刻理解，培养了个体的责任感。只有这样，个体才能在社会政治活动中以更高水平的方式参与，真正为社会的政治发展贡献力量。

（三）文化活动

一般而言，文化被归类为社会的意识形态。从文化的成果所发挥的社会功能来看，文化都有着养育人的精神，都有着教育的性质。为人的精神所创造反过来又养育着人的精神；被养育着的精神又创造出新的文化，可以说这是文化的一个显著特点。

随着社会的迅速发展，我国的社会经济呈现出蓬勃的发展势头。这一变革不仅仅影响着社会的经济结构和科技水平，也深刻地改变了思想政治教育的背景和氛围。传统的思想政治教育模式在这个新的环境下显得力不从心，很难取得良好的教学效果。因此，教育领域必须进行深刻的改革，积极探索新的教学方式，丰富教育内容，以适应社会和时代的要求。

特别是在学校，学生都是聚集在一起共同生活学习的。在这样的背景下，开展文化活动成为学生为数不多的娱乐活动，进而吸引了大量的学生参与其中。逐渐地，这种文化活动也发生了演变，不再只是单纯的娱乐和休闲的手段，更是成为学校开展思想政治教育的重要途径。在明确的教学目标和内容上，以文化活动为基础的思想政治教育具有隐形和渗透性的特征。这种教育方式能够深入学生的日常生活中，潜移默化地影响他们的思想观念，并在一定程度上能够很好地弥补课堂思想政治课程中的不足，使思想政治教育更加全面、深入地渗透到学生的心灵深处，为他们的成长提供更为坚实的思想基础。因此，以文化活动为基础的思想政治教育不仅仅是一种教学手段，更是一种全方位、立体化的培养方式，有望为培养有思想、有责任心、有创新力的新一代人才奠定坚实基础。

二、思政教育的作用

有什么样的思想政治教育的地位，就会有什么样的思想政治教育的作用。但是，这个作用不仅要建立在思想政治教育地位的基础之上，还必须受到社会基础和历史条件的制约，并且后者对于思想政治教育的作用来说，具有宏观的、根本性的意义。当前时代与过去时代的很大不同在于市场经济取代了计划经济，信息化社会逐步取代着非信息化社会。这些巨大的、根本的变革赋予了新时期思想政治教育更多的作用。

（一）保证作用

思想政治教育能把社会所要求的思想观点、政治观点和道德规范灌输给大众，使他们理解并支持党和国家的方针政策，培养他们形成符合社会要求的思想品德，进而为社会进步和发展奠定基础，这就是思想政治教育的保证作用。从战争时期到和平年代，思想政治教育首要发挥的就是这个保证作用。在构建和谐社会的今天，对科学理论说服力量的重视，对人的主体性的重视，都决定着思想政治教育的保证作用体现为理论的保证作用和心理的保证作用。

实践证明，没有科学理论为指导的实践是盲目的实践，而盲目的实践最终会导致失败。在科学理论的指导下去解决人民内部的矛盾和问题，才会沿着正确的方向去做。只有通过正确的思想政治教育，才能从理论上让民众清楚地了解到要在中国共产党的领导下，要在中国特色社会主义理论的指导下，走中国特色社会主义之路。只有这样，才能确保社会的意识形态和价值观念是正确的，我们才能够确保整个社会都在一个积极、健康、向前发展的轨道上。这不仅仅是为了维护社会的稳定与和谐，更是为了确保我们的发展不受到阻碍，从而能够充分释放社会的潜力，使每个人都能分享到发展的果实。

（二）服务作用

思想政治教育是为社会发展和人的发展服务的。为社会发展服务体现在思想政治教育能团结与动员各方来建设中国特色社会主义社会上。

首先，通过思想政治教育，能让全国各界凝聚人心、统一认识，集中力量办大事，并且能共同朝着某一个方向发展。在这个过程中，能建立起人与人之间的互相尊重、互相信任的良性关系。这一点是思想政治教育最为闪耀的特色。每在我党、我国发展的困难时期，思想政治教育都能坚定人们的发展方向，使人们团结起来克服万难。

其次，通过思想政治教育，能激发人们的积极性、主动性和创造性。这中间是分党员和非党员两个层次的。对于党员来说，思想政治教育能加强他们的党性，使他们时刻认识到为人民服务的重要性，自觉发挥表率的作用，保持同人民群众的紧密联系，为群众做好事、做实事。对于非党员来说，细致、深入、持久的思想政治教育，能动员、鼓舞和团结各族人民，向群众讲清楚进行中国特色社会主义建设和构建和谐社会的意义，把社会发展的意义与自身发展的意义紧密结合起来，激发人们正确的行为动机，并且通过和谐社会环境的营造将思想政治教育更深层次地展开，从人民群众自我价值的实现入手，使他们为实现党和国家确定的经济建设和社会发展的宏伟目标而共同奋斗。

在交替变换的社会职能中，人先天的和后天的能力都能得到发展，人的才能也会得到多方面的发展，个人的社会关系得到不断的丰富，最后实现个体与社会的协调统一的发展。在人的全面发展中，思想政治教育要重视人们的思想政治素质和科学文化素质。人的思想政治素质是人最重要的素质之一，它决定着人的发展方向，直接影响着人的智力、体力的发展。科学文化素质在当今社会中越来越凸显其重要性，对科学的崇尚、对世界优秀文化的学习吸收，能逐渐把人培养成德、智、体、美全面发展的人。

思想政治教育的作用还体现在它具有引导、激发个体主观能动性的潜力，以及挖掘和释放个体内在潜能的作用。在知识经济时代，人才是最稀缺的资源，各国都纷纷展开人才争夺战。新世纪的人才是具有创造和创新能力的人才。近年来，我国科教兴国、人才强国战略的广泛实施，把人的全面发展和人才资源开发提到了一个前所未有的高度。思想政治教育在这之中起到的作用就是深入挖掘人的能动性。人的能动性是隐蔽的和有层次的，是不可能自发地完全地释放出来的，要通过思想政治教育，在尊重人的兴趣爱好的基础上，充分发挥人的特长与优势。首先，依据人的天赋发挥人的潜能；其次，调动人的主动性，促成自我学习与追求，促进人的智力与能力发展；最后，培育人强大的内心和坚定的信念，只有拥有这种信念，才能在长期困苦的科研探索和寂寞的学术之路上不怕困难、勇于牺牲，排除一切杂念和干扰，全身心地投入崇高的事业中。

综上所述，思想政治教育在中国革命和建设中具有"生命线"和"中心环节"的指导地位，这个地位是历史实践得出的经验总结。对于当前的经济建设和社会发展来讲，思想政治教育具有保证和服务的作用。但是，这个作用不是一成不变的，而是会依据地位和时代的诉求不断变化和丰富。

第三节 思政教育的价值及目标

一、思政教育的价值

思想政治教育的价值主要在于促进个体的全面发展和社会的稳定进步，是推动社会向更高层次发展的重要力量。

（一）个体价值

1. 引导政治方向

改革开放四十多年以来，是经济和社会快速发展的社会转型期，人们的思想观念、价值取向和社会道德标准等与这种变化不相适应，进而也模糊了人们的认知。因此，需要通过思想政治教育，引导人们转变落后、过时、错误的观念，正确认识并构建社会主义和谐社会的深刻内涵以及中国共产党为构建社会主义和谐社会所制定的各项政策与方针，从而实现中华民族的伟大复兴。

2. 激发精神动力

思想政治教育对物质生产起着间接作用，而对精神生产起着直接作用。首先，思想政治教育通过引导个体深入思考社会、人生和价值观等重要问题，提升了个体的思辨和分析能力，这种教育不仅仅是知识传授，更是一种思维方式的塑造，使个体具备更为开阔的视野和独立思考的能力，从而为个体的创造性思维发展奠定基础。其次，思想政治教育通过传递积极向上的人生观和价值观，能够帮助个体树立正确的人生目标和追求，激发其对美好事物的追求和热爱。这不仅有助于个体获得积极向上的情感体验，还有助于形成健康的需求体系，使个体更好地适应社会环境，提高生活质量。

3. 塑造个体人格

人格是一个人在社会中的独特精神标志，涵盖了品格、品质、情操格调以及道德水平等多个方面。思想政治教育的核心目标就是通过塑造个体的人格，使人们具备更为深远的思想境界。人格的塑造和发展表现为多种需求的不断满足，而思想政治教育则恰好能够满足和引导人的精神需求和社会需求，进而引导个体树立正确的政治自觉性和良好的道德观念，从而为社会成员的全面发展提供支持。

4. 调控品德行为

调控品德行为就是对个体的思想、品德和行为进行管理和引导，以促进社会价值观的塑造和个体品质的培育。这一过程不仅在确定和确立思想政治教育的方向、目标和正确行为方面具有关键性作用，而且对于界定偏离这些方向和目标的思想品德和行为也至关重要。通过规范和引导个体的品德和行为，社会能够更好地塑造积极向上的价值观，提升整体社会的道德水平。

当代社会以其复杂性、多样性和快速变化的特征，使得个体的思想、品德、行为表现出丰富多层次、多元化、多变的面貌。在这种多样性和变化的背景下，需要强调思想政治教育的规范性，以更好地适应并引导社会的发展方向。思想政治教育的规范作用不仅仅是其自身特性的必然反映，更是为了满足现代社会发展需求的紧迫要求。通过规范个体的思想、品德、行为，社会能够更好地应对多元化的挑战，从而实现长远稳定和繁荣。

(二) 社会价值

思想政治教育的社会价值是指思想政治教育对社会发展的效用和意义。

1. 经济价值

思想政治教育的经济价值在于其对社会经济的促进作用，这种价值不仅仅体现在经济增长方面，更涉及满足人们物质和精神需求，为整个社会创造更为健康的发展环境。具体而言，思想政治教育对社会经济的全面发展有着至关重要的影响，主要表现在以下三个方面：

（1）思想政治教育是发展生产力的精神动力

思想政治教育作为上层建筑，承载着传播社会价值观念和意识形态的重要作用，对于促进和引导生产力的发展也同样具有不可忽视的作用。生产力作为经济发展的核心要素，直接关乎着社会的发展与进步。然而，思想政治教育所灌输的理念、道德和社会观念对于塑造个体的思维方式、行为准则和社会责任感具有重要影响，这些因素不仅影响个体行为，也影响到组织、机构的运作，进而间接地影响到整个社会的生产力水平。

此外，思想政治教育还具备提高人的思想道德素质、促进人的全面发展的功能。通过这种教育，人们能够追求卓越、勇于创新，同时具备合作、团队精神。这种精神动力在潜移默化中影响着个体和集体的行为方式，鼓励人们更积极地参与到经济活动中去，从而促进生产力的提升。特别是在生产关系变革的进程中，思想政治教育能够赋予劳动者坚定的政治信念和意识，使他们认识到旧生产关系的局限性和与时俱进的必要性。这种意识的觉醒激发了人们对新生产关系建立的需求，鼓舞着他们投身于变革旧有制度、建立新的适应当代生产力发展的生产关系的行动中，进而使生产力得到进一步的解放和发展。

（2）思想政治教育是经济发展的有力保证

思想政治教育对经济发展起着导向和调节的作用。思想政治教育要紧紧围绕经济建设这个中心来进行。经济建设作为国家发展的关键任务，除了需要物质资源的支持外，更需要为经济建设提供精神动力和思想保证，这就是思想政治工作的价值所在。它不仅仅停留在理论上，更是在实践中贯穿于各种经济活动。通过在企业、产业和市场中渗透思想政治观念，能够为经济建设提供一种深层次的支持,使其不仅仅是冷冰冰的数字和数据,更是一个有着强大凝聚力和向心力的社会力量。

思想政治工作的渗透不仅仅是为了灌输一定的思想观念,更是为经济活动提供一种积极向上的精神引导。在经济建设的征途上,人们需要对未来充满信心,需要在竞争和压力中保持稳定的思想状态。思想政治工作在这一点上发挥着关键作用,它为经济建设提供了一种坚实的思想基础,为人们在激烈的竞争环境中保持积极向上的态度提供了保障。

(3)思想政治教育为经济发展创造精神环境

思想政治教育可以扫除在精神方面阻碍经济发展的障碍。具体而言,思想政治教育通过向个人灌输全面、辩证的思考方式,能够使人们对经济发展问题具有更为深刻和全面的理解。在经济领域,过于片面和简单的看法可能导致对复杂问题的误判,从而影响决策和行动。思想政治教育通过引导个体形成全面、辩证的思考习惯,使他们更倾向于从多个角度来看待经济发展问题。这种全面性使个体更有可能把握问题的本质,理解其深层次的内在联系,而不是仅仅停留在表面现象的认知水平。全面、辩证的思考方式有助于避免对经济发展问题的极端立场和过分简化的看法。思想政治教育培养了个体对不同观点和意见的包容性,使个体更能够理解经济发展是一个多因素、多层次的复杂过程。思想政治教育还通过拓宽人们思维的广度和挖掘思维的深度,帮助人们看到经济发展中的多元性和相互关联性,从而指导人们用全面、可持续的科学发展观落实经济社会的全面发展。

2. 政治价值

思想政治教育的政治价值是指维护社会稳定、促进社会发展的作用。我们要认识到思想政治教育的政治价值,认识到只有开展思想政治教育,才能使国家政权牢牢掌握在具有坚定的马克思主义信仰的人的手中。这具体表现在以下两个方面:

(1)思想政治教育控制上层建筑,调节社会的精神生产,使本阶级的思想成为社会的主导思想。

(2)思想政治教育促进社会政治稳定和发展。思想政治教育一方面要对受教育对象进行党的路线、方针、政策的灌输,通过教育培训,人们能够更深刻地理解和接受党的指导思想,并将其内化为自己的信念和行动准则;另一方面,思想政治教育也需要积极倾听和反馈来自基层群众的声音，为领导决策提供依据。此外，思想政治教育也需要与其他社会建设密切联系，比如，通过与法制建设相联系，将德治与法治有机地结合起来，有助于形成完善的社会治理网络，维护社会秩序稳定，促进政治发展。

3. 文化价值

思想政治教育作为社会意识形态的一部分，在塑造个体观念和价值观念方面与文化紧密相连。由于思想政治教育的价值并非孤立存在的，而是在特定的文化背景下才能被准确理解和评估的，所以不同的文化传统、信仰体系以及价值取向会对思想政治教育的内容、方法和效果产生不同的影响，因此，我们需要将思想政治教育置于特定的文化语境中，以更全面地理解其价值和效果。思想政治教育的文化价值具体体现在以下几个方面：

（1）思想政治教育的文化选择功能

思想政治教育在文化选择方面呈现出复杂而有序的特征，主要表现为肯定性选择和否定性选择两个方面。

首先，肯定性选择体现为思想政治教育对积极文化的吸收与融合。这意味着思想政治教育系统倾向于吸纳那些与其核心价值观一致、对培养积极思想品质有益的文化元素，使其成为思想政治教育的有机组成部分。这样的选择不仅有助于形成思想政治教育的内在逻辑，也能够丰富教育内容，提升教育效果。

其次，否定性选择则体现为对有害文化的抵制和排斥。思想政治教育努力清除那些可能对受教育者产生负面影响的文化元素，以保护学生免受不良文化的侵害。这种选择旨在确保思想政治教育的正向发展，为培养积极价值观提供坚实的文化基础。这种取舍的过程，虽然具有一定的局限性，但有助于确保思想政治教育在文化选择上具有明确的导向和目标。

在当下我国的思想政治教育中，这一文化选择的策略表现为对中华民族传统优秀文化的采纳和吸收，以及对国外文化的合理借鉴。这种文化选择的双轨制度为思想政治教育提供了丰富而多元的文化资源，使其更好地适应时代的发展和社会的多元化需求。

（2）思想政治教育的文化渗透功能

思想政治教育是一个开放性的教育体系，其功能不仅在于传授知识，更在于引领社会文化的发展，因此，其需要审视并继承各种亚文化中的优质内容，以推动主流文化的持续进步。在当前的社会主义大环境下，思想政治教育的重点在于思想政治教育的角色转变，其不能只是传统意义上的教育者，更是文化的传播者和引领者，它应当发挥自身的文化渗透功能，将主流文化观念、价值观念渗透到各个亚文化中去，引导这些亚文化在吸收主流文化的同时保留自身的特色，从而促进文化的多样性和丰富性。这种文化渗透不仅仅是简单的传递，更是对亚文化中的合理成分进行批判性的继承，借此，思想政治教育能够促进文化的融合和发展，调节社会中的文化冲突，创造出一个良好的文化交流、吸收和融合的氛围，进而为个体的成长和社会整体的进步奠定坚实的文化基础。

4. 生态价值

时代赋予了思想政治教育更多的责任，需要我们超越原有的价值观，特别是在生态价值的创造和保护方面，现如今生态环境日益恶化，不仅威胁人类的生存，同时也提醒我们必须从思想政治教育的角度重新审视我们对于环境的态度。在这个大背景下，思想政治教育有着双重使命：一方面，它需要帮助个体树立正确的道德责任感，这意味着需要培养学生对于社会、环境和人类共同生存的责任感，推动他们成为具有高度社会责任心的公民。通过思想政治教育，人们能够在改造自然过程中减少过度向自然索取以及过度破坏环境的行为，以人类社会的全面、协调可持续发展为根本出发点，处理好人与自然的关系。另一方面，思想政治教育应该帮助人们形成正确的生态意识和生态思维，这样，人类的自我实现和幸福感才能得到可持续的保障。

二、思政教育的目标

在高校，思想政治工作是教学活动的基石，而确立科学的目标是确保这项工作能够更好地服务学生和社会。为了实现这一目标，我们需要深刻理解高校思想政治工作的多层次目标，并努力提高工作的针对性和实效性。在新的社会形势下，高校思想政治工作需要与时俱进，需要紧密围绕"四个服务"的要求不断加强和改进，只有这样，高校思想政治工作才能够更好地融入学校整体发展的战略方向，才能更好培养出那些符合时代需求的人才。具体目标的确立也是由这一总体目标而决定的，因此需要针对不同层次的学生和青年教师，根据其特点和需求制订具体目标。这既要求目标具有广泛性，以满足整体需求，又要求目标具有先进性，以引领发展方向。

从广泛性来看，"四个服务"的总体目标是高校思想政治工作的指导原则之一，要求高校的思想政治工作关注师生的全面发展。为此，高校要引导师生正确认识中国特色，以更好地适应和参与国际社会。同时，正确认识时代责任和历史使命也是高校思政教育的重要目标。高校需要帮助师生意识到自己身处的时代，并对自身的社会责任和国家责任有清晰的认识，理解个人在历史进程中的使命。最终，高校的思想政治工作要引导师生树立中国特色社会主义共同理想。这意味着高校要引导个体在追求理想的过程中，与国家、社会的整体目标相协调，树立共同奋斗的理念。

在先进性方面，我们需要在实现广泛性目标的基础上更进一步，这意味着我们需要通过深入学习，真正理解并内化党的核心理念，将其融入实际行动中。高校需要在思政教育的过程中，引导学生能够自觉运用马克思主义的立场、观点和方法，进而使其能够更清晰地认识世界、社会，提高他们分析和解决问题的能力。

第四节 思政教育的学科发展

从硬的方面来讲，学科指的是一个结构，一个制度，是一种组织形态；从软的方面来说，学科指的是单纯的学科，主要是指文化方面学科。本书主要阐述思想政治教育作为"硬"学科的发展。

1980年8月11日，《光明日报》刊登题为《思想政治工作是一门科学》的文章，这篇文章将思想政治教育定性为一项科学。两年后，国家相关教育部门和组织为了继续这一讨论，特意召开会议，将思想政治工作正式划分为一门科学。思想政治工作作为一门科学，其学科的发展有一个从无到有、从半独立走向独立、从低层次走向高层次的逐步发展过程。

1983年7月1日，中共中央批转《国营企业职工政治工作纲要》（试行）。如今看来，这个纲要是对思想政治教育发展的最早规划和预测，它提出的在全国"形成一个初级、中级和高级的教育体系"已经成为现实，并且有着本科、硕士、博士、博士后的培养系列。稍有不同的是，如今更加注意学校的思想政治教育。

1984年，教育部在全国范围的十多所高等院校里面都建立了思想政治教育这一专业，并将这一专业划分为法制法律学科和政治学科归类下的第一级学科，自此，思想政治教育开始了学科建设的历程。设立"马克思主义理论"就反映了要把马克思主义视为一门总体性的科学。思想政治教育应该以马克思总体性方法为指导，在"马克思主义理论"一级学科中才能更好地发挥它作为二级学科的作用。

从1984年设立思想政治教育这一本科专业开始，4年后设立了硕士研究生专业，8年后又设立了马克思主义理论与思想政治教育的博士学位，之后几年时间，又设立了思想政治教育的博士学位，这些学科和学位的设立，充分反映了思想政治教育学科建设的发展变化。思想政治教育是马克思主义理论学科中的一个应用学科。思想政治教育学生的理论思想是马克思主义理论，利用这一理论的角度、看法和想法去培育青年学生的"三观"，为学生树立正确的"三观"做基础、做指导。用这些观点去看待世界的发展，了解世界的发展规律。综上所述，思想政治教育是马克思主义理论一级学科建设的出发点和归宿。

在所有的学科的发展过程中，思想政治教育和德育的关系有哪些关联，这个问题是最难确定的，虽然它们各自不能形成专门属于自己的研究对象和教育对象，但它们把握研究对象的学科立场与学术视野是相同的。

作为"软"学科，它们共同为培养合格的社会主义继承者而奋斗，这些学科的目的都是相同的。思想政治教育和德育这两个概念实质是相同的。德育包括了思想教育、政治教育和品德教育三大方面，这三个方面共同表现出了与社会的紧密关系和在阶级层次上的特殊性质。这三个方面的教育归属于学校教育，和智慧教育、体能教育等其他教育学科共同支撑着整个学校教育。共同的目的就是教育学生，使其成为对社会有贡献的人。从中可以看出，德育就是思想政治教育。

2004年，中共中央、国务院《关于进一步加强和改进大学生思想政治教育的意见》强调："学校对学生的教育要本着以人为本的原则，首先对学生的思想进行教育，才能对他的行为进行批判教育。这就需要重点对思想政治方面进行教育。"[①]

[①] 张玉玲，左守志，吴高波."思想政治理论课"教学价值论[M].北京：中央文献出版社，2008.

这里"德育为先"与"把思想政治教育摆在首要位置"说明德育和思想政治教育的概念是一样的，可以同等对待。

作为"硬"学科，德育与思想政治教育属于不一样的学科制度，前者归类为教育学科，后者归类为马克思主义理论学科，但是二者都属于二级学科类目。

目前思想政治教育学科建设正在从外延发展转变到内涵提升阶段，从学科建制向提升学科"软"实力上发展，从注重"硬"学科发展转向注重"软"学科发展。在学科建设中，常常会有基础知识方面的困惑。然而，类似的观点在教育学中也一直存在着。自赫尔巴特具有创立独立形态的教育学的想法以来，百余年的时间里，教育学是否为一门独立的学科始终受到学术界的怀疑。

思想政治教育作为"硬"学科（组织形态学科）已经独立；作为"软"学科（精神形态的学科），在形成专门属于自己的思想政治教育核心概念，建构起学术共同体的共同信仰的学科范式等方面，还需要进一步努力。

2022年12月27日，教育部办公厅发布《教育部办公厅关于开展大中小学思政课一体化共同体建设的通知》，"统筹推进大中小学思政课一体化建设，切实发挥思政课立德树人关键课程作用，全面增强思政育人效果。"[①]

---

① 教育部.教育部办公厅关于开展大中小学思政课一体化共同体建设的通知[EB/OL].（2022-12-29）[2023-05-09].http://www.moe.gov.cn/srcsite/A13/moe_772/202301/t20230109_1038750.html.

第二章 高校思政课教学概况

在高校中，思想政治工作被认为是所有工作的生命线，它承载着塑造学生思想、培养正确的意识形态和价值观念的责任。而在这项工作中，思想政治理论课的重要性不言而喻，它不仅仅是一门课程，更是思想政治工作的核心，对于塑造学生的思想、价值观念以及维护国家意识形态安全都具有着至关重要的作用。本章主要介绍了高校思政理论课教学现状，高校思政理论课教学设计，高校思政理论课教学方法。

第一节 高校思政理论课教学现状

一、教育教学模式单一

（一）传统授课无法充分满足学生认知需求

目前，高校普遍采用大班教学模式进行思想政治理论课的教学，这种做法虽然在资源利用上有一定优势，但也存在一系列的问题和弊端。

首先，大班教学在应对学生的个体差异方面存在明显的疏漏。学生们在认知水平、学习能力和兴趣方面各有不同，然而，大班教学往往采取了一种泛化的教学模式，将所有学生置于相同的学习进度和教学内容之中。这种"一刀切"的教学方式，使得部分学生难以在课堂上有效吸收教学内容。这种忽视个体差异的做法带来了显著的问题，那就是学习效果的不均衡，有些学生可能觉得教学内容过于简单，而另一部分学生可能感到课程进度太快，无法跟上。这样的学习不平衡不仅影响了学生的学习效果，也可能对他们的学习动力和兴趣产生负面影响。

其次，大班教学中的学生数量庞大，这使得师生之间的互动严重受限。在这种环境下，教师很难有足够的时间和资源与每一位学生进行深入的互动交流。由于学生人数众多，教学过程往往只能采取单向的理论灌输方式，学生在这种被动接受知识的过程中很难建立起对学科学习的真正兴趣。这种师生互动的受限不仅影响了学生对知识的理解，也对教学效果产生了负面影响。学生缺乏足够的机会表达自己的疑惑、分享观点，教师也难以及时发现学生的困惑并进行有针对性的指导。

最后，课堂纪律和管理也是大班教学需要面对的重要任务之一，由于学生众多，教师不得不应对庞大和多样化的学生群体，这使得课堂管理的难度明显增加。例如一些学生可能会在课堂上分心玩儿手机、交谈或者进行其他与学习无关的行为，这种行为不仅会影响到他们自己的学习，还可能扰乱其他认真听课的同学的注意力。对于教师而言，他们需要花费更多的时间和精力来应对这些课堂管理方面的问题，以确保整个教学过程的有序进行。

不仅如此，思想政治理论课的教学方式还面临着学生认可度的挑战。传统的教师传授知识、学生被动接受的教学模式已经不再受多数学生的认可了，即便是一些教师试图采用现代多媒体技术来提升教学体验，但通常情况下，这些尝试也未能达到预期效果。究其原因，主要是因为多媒体课件往往只是简单地复述了课本内容，缺乏新颖性和吸引力，无法真正激发学生的学习热情和思考能力。因此，针对思想政治理论课教学方式的改进，需要更多地注重引导学生主动参与和深入思考。引入多媒体技术只是一部分，更重要的是如何将其融入互动性、探究性更强的教学方式中，激发学生的学习兴趣，培养他们的批判性思维和创新能力。

（二）实践教学无法充分体现课程特色

在大学教育中，思想政治理论课被赋予了引导大学生社会生活实践的重要任务，以培养学生的社会责任感和综合素养。然而，当前的实践教学效果并不尽如人意，并且还出现了一系列问题。首先，实践教学在整个课程中所占比例相对较小，而教学形式往往凌驾于实质内容之上。这使得学生在实际操作中难以深刻理解并应用所学的理论知识，降低了实践教学的实质性意义。其次，随着近年来的高校扩招，高校的师生比进一步拉大，这对于组织学生进行社会实践带来了更大的难度和风险，使得教育资源更加匮乏，严重影响了实践教学的质量和深度。这一系列问题共同作用，使得思想政治理论课的实践教学难以达到预期的效果。

除此之外，当前教育体系中存在一个普遍的问题，即对于"实践教学"的理解和实施不够深入，完全无法体现出课程的特色。在很多时候，所谓的实践教学就是教师在课堂上组织学生观看一些纪录片，进行简单的讨论，或者进行校内的小范围调查，这些活动虽然有一定的教育价值，但无法完全达到实践教学的目的，无法让学生进入社会，感受社会的多样性和复杂性。与此同时，这些活动与高校思想政治理论课的联系并不紧密，缺乏有针对性的引导，导致学生在实践中难以将理论知识与实际问题相结合。因此，当前的实践教学需要从教育体系和实践活动的组织上进行深入调整，以确保学生能够在实践中真正领悟和运用所学的知识，从而形成更加全面和深刻的理解。这需要学校重新审视实践教学的定位，充分考虑课程特色，提供更具体、系统、有深度的社会实践机会，使之真正成为思想政治理论课程的有机组成部分。

（三）考核方式无法充分突出课程宗旨

现如今，大多数学生更倾向于思想政治理论课能够以开卷考试作为结课考核的形式。学生普遍认为，开卷考试有助于体现他们的整体素质，不仅考察了对知识点的记忆，更关注了对知识的理解和应用。然而，尽管学生对开卷考试有着积极的认同态度，但目前许多高校依然坚持采取闭卷的考试形式。

对闭卷考试进行深入剖析，我们能够发现其存在很大的弊端，主要由于它的评价方式过于侧重学生的记忆力和应试能力，较少关注学生对理论知识的深度理解以及运用这些知识解决实际问题的能力。闭卷考试通常限制在书本知识点范围内，因此，学生倾向于采用考前突击的方式备考，这使得他们平时学习缺乏应有的积极性和自觉性，难以将思想政治理论课真正内化为自己的知识结构，从而难以在实践中灵活运用。因此，有必要对思想政治理论课的考核方式进行审视和改进，以更好地实现课程教学目标。

二、学生积极性不高

思想政治理论课作为一门关乎培养学生综合素养和思想品德的课程，其教育效果的实现主要看其对学生产生的影响。学生在这一过程中不仅仅是被动的接受者，更是知识的创造者和应用者。然而，如果学生缺乏足够的积极性，课程的作用将受到影响。

学生的积极性直接影响着他们对思想政治理论的学习态度、深度参与程度以及对理论知识的理解和运用水平。如果学生对课程缺乏兴趣或者学习动力不足，他们可能仅仅是机械地完成学业要求，而无法真正深刻领会课程所要传达的核心思想和价值观。目前，学生积极性不高的主要表现包括以下几方面：

（一）课堂表现差

高校新生经历了军训的严格磨炼，初步培养了他们的组织纪律性，这种组织纪律性也体现在了课堂上，使得刚开始时大多数学生都能按时出席，课堂环境也相对较好。然而，这种好景并未能持续太久，一些学生在一段时间后开始出现走神的倾向，特别是遇到对他们来说较为无趣的内容时，他们可能会玩儿手机或者看课外书。针对这种情况，教育者需要更深入地了解学生的学习需求和兴趣点，采用多元化、引人入胜的教学方法，以提高学生对课堂内容的关注度和专注度。

（二）出勤率低

随着入学时间越来越长，学生逃课的现象也愈发严重，其中以思想政治理论课表现最为突出。这可能与学生对该门课程的兴趣，以及学业负担的增加等因素有关。

（三）考前突击

在思想政治理论课的备考方式上，临时抱佛脚式的考前突击是大多数学生的选择。出现这种情况主要是因为学生对于思想政治理论课的重视程度不高。尽管思想政治理论课的内容十分庞杂，涵盖的知识点众多，但令人惊讶的是，老师对学生的评价标准却并不严格，因而，在备考期间，学生通常打印老师提供的课件以及结合同学整理的重点，就能够轻松地准备考试所需的核心知识点，特别是对一些开卷考试课程，学生甚至会到了考场再临时应付。

第二节　高校思政理论课教学设计

一、思政理论课课程标准

（一）课程标准的内涵

课程标准是确定一定学习时段的课程水平及课程结构的纲领性文件。课程标准规定课程的基本信息、性质、目标设计、内容设计、实施建议、考核方案等。课程标准不仅是高校大学生进行思想政治理论课学习的重要指南，而且是衡量高校思想政治理论课教学质量的重要指标。

（二）课程标准的制订要求

1. 明确课程基本信息

高校思想政治理论课主要有"毛泽东思想和中国特色社会主义理论体系概论""思想道德修养与法律基础""马克思主义基本原理概论""中国近现代史纲要""形势与政策"，应按照不同的课程，明确适用专业、授课时间、总学时、学分、前续课程、后续课程等基本信息。

2. 明确课程概述

根据高校开设的思想政治理论课，描述课程性质、修读条件。

3. 明确课程目标设计

不仅要描述思想政治理论课的总体目标，而且要从微观上具体描述思想政治理论课的能力目标、知识目标、素质目标。

4. 明确课程内容设计

课程内容设计是课程标准的重点和难点。首先，需要从整体上按照课程教材将课程分为数个模块，相应分配好每个模块所需要的课时。其次，以一节课（2个课时）为单位，详细描述每一节课的教学内容、教学要求、教学方法。

5. 明确课程实施建议

首先，需要从校内实践基地及条件、校外实践基地及条件两个方面描述思想政治理论课的实践条件。其次，需要按照不同课程要求描述师资条件、教材与教学资源。

6. 明确考核方案

考核方案需要明确合格标准、成绩构成、考核内容、具体考核方案。

二、思政理论课授课计划

（一）授课计划的内涵及作用

授课计划是以学期为单位，对一个学期的人员安排、教学内容、教学方法、作业布置等制订的具体计划。

制订授课计划可以促使教师认真研究课程标准与教学内容，合理进行教学安排；可以引导教师有序开展教学，避免教学的随意性；可以方便教务部门进行相关督导检查，规范日常教学组织。

（二）制订授课计划的要求

1. 安排授课教师

授课教师是授课计划的执行者，授课计划需综合考虑思想政治理论课现有师资情况，尽量协调好老、中、青教师的搭配，协调好专职教师与兼职教师搭配，组建一个年龄结构合理、教学特点互补的课程教学团队。

2. 安排课时

按照相应课程标准规定的课时，确定本学期总课时、周课时，并明确讲课测验、复习分别是多少课时。

3. 安排教学内容

思想政治理论课内容博大精深，高等院校思想政治理论课课时相对较为紧张，要想在有限的课时里完成思想政治理论课教学，需要结合教材内容、学生实际情况制订精益求精的计划，做到高校大学生熟悉的、已掌握的内容少讲或不讲，高校大学生不知道的、不熟悉的内容多讲、精讲。教学内容要以周为单位，具体到教材的章节内容。

4. 安排教学方法

思想政治理论课教学不能一味进行灌输，要以因材施教为指导，针对不同的教学内容采用合适的教学方法，从而切实调动高校大学生的学习积极性。思想政治理论课教学常用的教学方法包括讲授法、讨论法、案例法、演讲法等。

5. 布置作业

高校思想政治理论课不能像高中教育那样实行题海战术，课后作业的量应适度，每两节课后布置一次作业较为合适。作业也不能局限于教材的课后习题，可以用演讲、小论文等多种形式布置作业。

三、思政理论课教案撰写

（一）教案的内涵

教案作为教学设计的具体方案，它是教师为确保有效开展教学活动而精心制订的计划，旨在根据教学大纲、教材要求以及学生的实际情况，对每个教学单元或课时进行详细而系统的设计。

在教案中，教师需要明确教学的核心内容，设计合适的教学步骤，选择适当的教学方法。这不仅包括传授知识，还要考虑如何引导学生进行思考、提出问题，以及促使他们更深入地理解所学内容。因此，教案是授课的重要依据，是教学的有力指导，为教师提供了一个清晰的框架，使他们能够在教学过程中更有条理地进行讲解和引导学生学习。

教案的制订还需要充分考虑学生的实际情况，包括他们的学科水平、兴趣爱好、学习风格等因素。通过调整教学方案，教师可以更好地满足学生的需求，提高教学的针对性和实效性。

（二）教案撰写的具体内容

1. 教学目标

教学目标是指教师在教学中所要达到的最终效果，是对学生在理论知识、能力、素质等方面产生变化的预期。教学目标既是教学活动的出发点，又是教学活动的归宿，能让师生在教学活动中朝着共同的方向发展，是教学过程中的行动指南。高校思想政治理论课教案要描述好教学目标，需注意以下三点：

（1）教案的教学目标应注意整体性

高校思想政治理论课教案的教学目标包括知识目标、能力目标、素质目标，其中知识目标是基础，能力目标是核心，素质目标是落脚点。在宏观方面，知识目标帮助学生从了解、知道、理解、掌握等层面学习人生观、理想信念、中国精神、社会主义核心价值观、公民道德准则、尊法守法用法、毛泽东思想、邓小平理论和"三个代表"重要思想、科学发展观、习近平新时代中国特色社会主义思想、中国特色社会主义建设的路线方针政策等理论知识。能力目标帮助学生理论结合实际，运用马克思主义理论指导如何学习、如何做人、如何做事、如何交往，从而提高自身职业核心能力、明辨是非能力、理论分析能力、公民行动能力、社会适应能力等。素质目标帮助学生树立和培养正确的人生观、崇高的理想信念、深厚的爱国情操、良好的道德行为习惯、实事求是的科学态度、关注国家大事和关心国家发展前途的思想政治素质、积极参与中国特色社会主义事业建设的使命感和责任感等。教学目标不是孤立的，而是三种目标互为一体，共同构成高校思想政治理论课的教学目标。高校思想政治理论课教师设计教学目标时既要注意同一门课程的内在联系，又要注意"思想道德修养与法律基础""毛泽东思想和中国特色社会主义理论体系概论""形势与政策"等课程在促进学生全面发展中的不同作用，只有系统梳理、整体把握，才能实现每一课教案和全部课程目标体系上的有机统一，教学目标才会形成一个有机的整体，避免高校思想政治理论课缺乏整体性、统一性等突出问题。

（2）教案的教学目标应注意针对性

高校思想政治理论课每一个教案的教学目标，都应结合每一节课的具体内容，将知识目标、能力目标、素质目标从宏观落实到微观。思想政治理论课教师在描述能力目标、素质目标时最容易出现空泛、抽象的情况。例如，部分思想政治理论课教师在描述教学目标时喜欢用"提高学生的分析能力和解决问题的能力""培养学生的爱国主义精神"等，这样的教学目标可以放到任何一门课程之中，也可以放到思想政治理论课任何一个教案之中，过于空泛、抽象的教学目标形同虚设，没有任何价值。教学目标应联系学生的能力基础和教材内容，如将"提高学生的分析能力"具化为"使学生能运用中国特色社会主义民主政治理论正确分析中国政治现状",将"培养学生的爱国主义精神"具化为"关注中国特色社会主义政治建设,培养学生的参政议政意识"。

(3)教案的教学目标应注意灵活性

不同地区、不同类型的高等院校都具有各自的特点,高等院校内不同专业的学生的精神面貌、学习风气、学习兴趣、学习能力、学习基础也各不相同,因此,想要制订一个适合全体高校大学生的思想政治理论课教学目标是难以实现的。一方面,思想政治理论课教师应根据学生的学习基础,灵活制订教学目标。例如,确定教学的最高目标和最低目标,使教学目标具有一定的弹性,这样可以符合不同层次的学生实际,让每一个学生在自己原有水平的基础上得到发展,从而激发他们的学习积极性。另一方面,思想政治理论课教师可根据高校不同专业学生的需要,灵活制订教学目标。例如,针对电子商务专业的学生可加强他们学习中国特色社会主义经济建设的理论知识;针对会计专业的学生可侧重培养他们的诚信素质;针对焊接专业的学生可侧重培养他们艰苦奋斗的精神等。

2. 教学重点与难点

把握教学重点与难点问题是解决思想政治理论课教学实效性问题的关键。一个没有重点与难点的教案是没有效果的教案,是一个失败的教案。教学重点与难点既有区别又有联系,有时教学重点与难点是截然不同的,有时教学重点与难点又可以是一致的。所谓教学重点是指思想政治理论课教材中最基本、最重要、最关键的核心内容,是学生应知应会的主要内容。掌握了这部分内容,其他的问题也会迎刃而解,并且这部分内容对于掌握思想政治理论课理论体系起着决定性作用。所谓教学难点是指学生容易产生认识偏差或难以掌握的教学内容。教学难点主要是学生因接受知识的能力差异而产生的困难,不同层次学生面临的教学难点显然会存在明显差异,因而相对于教学重点,教学难点更难以把握。确立思想政治理论课教案的重点与难点,应注意把握以下三个方面:

(1)根据思想政治理论课的使命来确定

国家历来重视思想政治理论课的建设,对思想政治理论课建设作出了明确要求。例如,"2023年9月,为深入学习贯彻党的二十大精神,贯彻落实习近平总书记在中央政治局第五次集体学习时的重要讲话精神,坚持不懈用习近平新时代中国特色社会主义思想铸魂育人,推进大中小学思想政治教育一体化建设,提高思政课的针对性和吸引力，教育部决定开展第三届全国高校思想政治理论课教学展示活动。"①

（2）根据教材内容来确立

高校思想政治理论课每一门课的教材都有它内在的逻辑关系。思想政治理论课教师不仅要深入钻研教材，理出知识的层次与联系，弄清教材内容的内在体系，还要厘清已学知识和后续知识与这些内容的联系，这样才能把握好教学重点与难点。例如，《毛泽东思想和中国特色社会主义理论体系概论》第一章"毛泽东思想及其历史地位"，此章教学内容分为三小节，第一节为毛泽东思想的形成和发展，第二节为毛泽东思想的主要内容和活的灵魂，第三节为毛泽东思想的历史地位，此章的教学重点应为第二节毛泽东思想的主要内容和活的灵魂，教学难点应为第三节毛泽东思想的历史地位。

（3）根据高校学情来确定

高校大学生是教学的主体，同时也是教学的对象，教学难点是针对学生的学习基础而言的。因此，思想政治理论课教师要了解高校大学生、研究高校大学生，要研究大学生对中国特色社会主义理论、社会主义法律等理论知识的掌握情况；研究大学生的学习习惯、学习方法等情况；研究大学生的兴趣爱好、思想困惑等情况。经验丰富的思想政治理论课教师会在充分研究学情的基础上，合理预测大学生在学习过程中可能会遇到的困难，从而确定每一个教案的教学难点。例如，大学生因为思想不够成熟，在评价人和事物的时候往往容易冲动，常会出现极端现象，对自己喜欢的人和事物往往绝对肯定，对自己不喜欢的人和事物则绝对否定。如何理性地评价人和事物，是目前大学生普遍面临的一个问题。因此，在"毛泽东思想和中国特色社会主义理论体系概论"课程中设计"毛泽东思想的历史地位"的教案时，"如何正确评价毛泽东和毛泽东思想"应作为本教案的教学难点。

3. 新课导入

新课导入是引导学生进入学习状态的一种行为。"良好的开始是成功的一半"，新课导入作为教案正文的第一个环节，新课导入的质量直接关系到教学进程的顺

---

① 教育部.教育部办公厅关于开展第三届全国高校思想政治理论课教学展示活动的通知[EB/OL].（2023-09-04）[2023-09-09].http://www.moe.gov.cn/srcsite/A13/moe_772/202309/t20230912_1079897.html.

畅与否，对教学效果具有直接影响。思想政治理论课新课导入的方式方法可以根据教学对象、教学内容、教师风格而有不同的设计与运用。

有关新课导入的原则如下：

（1）趣味性原则

"百学趣为先"，导入是新课的前奏，是激发学生兴趣的关键，如果不能有效激发学生的学习兴趣，就很难有好的教学效果。教学实践和心理学研究都充分证明，一个具有趣味性的新课导入，能有效吸引学生的注意力，增强学生的学习热情，启发学生积极主动思考，保证他们进入最佳学习状态。反之，如果学生一上课就处于紧张的氛围之中，他们的大脑也将随之处于紧张状态，这样会导致学生的思维灵活性、敏捷性受到影响。思想政治理论课新课导入的趣味性并不只是为了引起笑声，而是要使学生对新知识产生浓厚的学习兴趣。因此，思想政治理论课的新课导入要避免平淡乏味、死气沉沉，要根据各章节内容在趣味性上下功夫，使导入的知识内容或互动环节以生动鲜活的形式展现在学生面前。与此同时，应避免将新课导入的趣味性异化为低级趣味，而是要做到雅而不俗。

（2）关联性原则

思想政治理论课教师在设计新课导入内容时，要针对教学实际，从教学目的、教学内容出发，要善于以旧带新、温故知新，在导入内容与教学内容之间建立起有机联系，使导入内容成为新旧知识之间相互联系的过渡点，起到"画龙点睛"的作用，从而激发学生的问题意识，引导学生由表入里、由此及彼地深入思考，达到"一石激起千层浪"的效果。但是部分思想政治理论课教师在实际的教学过程中为了营造所谓的生动活泼的课堂气氛，采用的导入内容与所讲授的教学内容牵强附会，甚至离题万里。这样的新课导入虽然能吸引学生的注意力，实现表面上的热闹和形式上的互动，但脱离了教学内容，无论其如何精彩、特别，都不能很好地呈现新知识，反而会让学生将他们的注意力转移到与教学无关的活动上，使新课导入流于形式，成为教学的累赘，没有什么实际价值。

（3）简洁明了原则

当前高校每节课的时间为 40 分钟或 45 分钟，高校思想政治理论课一般安排两节课连上。部分思想政治理论课教师在新课导入环节，要么是由于导入的内容信息量过大，要么是由于导入的内容难度过大，造成新课导入的时间过长，占用

10—20分钟，使得新课导入出现喧宾夺主的情况。为提高教学效率，新课导入时间不宜太长，控制在3—5分钟为宜。

4. 教学方法

教学方法对于高校思想政治理论课至关重要。教学方法是教材体系转向教学体系，实现教学目标的关键。长期以来，思想政治理论课教师都在坚持不懈地对教学方法进行创新。截至2023年10月，以"思想政治理论课教学方法"为主题在中国知网进行检索，搜索到3669条结果，有的从宏观上论述高校思想政治理论课教学方法改革的重要意义、紧迫性、特点、路径等，有的从微观上结合学生特点、课程特色、学校实际探索案例教学等具体教学方法，可谓"百花齐放、百家争鸣"。尽管部分院校尝试通过统一教学方法增强教学效果，但"教无定法，贵在得法"，因此针对不同的教师、不同的教学内容，教学方法的运用不可能大一统。

中华人民共和国成立以来，通过长期的教学实践，形成了一系列卓有成效的思想政治理论课教学方法，并将其广泛运用于思想政治理论课常规教学之中。改革教学方法并非仅仅对传统教学模式进行表面性的改变，而是要着眼于培养学生的批判性思维、问题解决能力和自主学习能力，引导学生成为学习的主体。目前，思想政治理论课常规教学方法主要有灌输式、启发式、参与式、研究式、专题式、案例式等。在进行教学设计时，可结合教学内容灵活运用教学方法，而不应拘泥于一种教学方法。

5. 教学小结

教学小结是指利用每节课结束前的3分钟左右时间对本次课的教学内容做一个言简意赅的总结。根据教学的需要，教学小结可分为概括总结式小结、首尾呼应式小结、情感激励式小结、悬念留置式小结、拓展延伸式小结等形式。由于高校思想政治理论课随着信息化发展，每堂课都包含概念、案例、视频等丰富内容，信息量比较大，知识点比较散，学生容易在认知上产生混淆，难以在短时间内理清所学的内容，因而普遍采用的是概括总结式小结。通过总结学生在课堂上所学的主要知识和基本思想来结束一堂课是很有好处的。高校思想政治理论课教师应针对每堂课的教学重点和难点，将教学内容有机组织起来，通过言简意赅的教学小结，开拓学生的学习思维，有效地帮助学生理清知识点之间的相互关系，掌握思想政治理论课学习方法，从而达到画龙点睛的效果。然而在高校思想政治理论课教学实践中，部分教师缺乏严谨的教学态度，教学设计中没有教学小结，还有部分教师不重视教学小结，没有精心设计，往往是在下课前匆匆几句带过，流于形式，这些忽视教学小结的做法亟待改进。

6. 作业布置

作业布置是教学设计的最后一个环节，是课堂教学的自然延伸和补充，能积极引导学生深入开展自主学习，能及时检验学生的学习效果，能促进师生交流沟通。但目前高校思想政治理论课作业布置存在一些问题，大部分教师主要是结合教材课后思考题布置作业。例如，《毛泽东思想和中国特色社会主义理论体系概论》中"社会主义建设道路初步探索的理论成果"课后思考题"党在中国社会主义建设道路的初步探索中取得了哪些重要的理论成果"，以及《思想道德修养与法律基础》中"人生的青春之问"课后思考题"根据马克思主义关于个人与社会关系的原理说明人生的自我价值与社会价值的关系"。这些思考题虽然紧密联系教材理论体系，便于教师进行作业批改，但副作用较为严重，思考题答案为教材相关知识点，容易造成部分学生抄袭现象，使得课后作业不仅没有起到巩固学习的作用，反而在一定程度上对学风建设产生了消极影响，弱化了思想政治理论课的教学效果。造成这种现象的原因是多方面的，有师资紧张原因而使教师在时间、精力有限的困境下只能采用标准答案快速完成作业批改，也有部分学生因学习积极性不高而应付式完成作业等。因此，加强高校思想政治理论课作业改革非常重要，可以从两个方面着手：一方面，利用信息化手段进行作业布置。围绕学生必须掌握的核心知识建立网络思想政治理论课题库，可采用从易到难的过关方式激发学生的学习积极性，也可利用题库随机出题方式，让每位学生的作业各不相同，从而杜绝抄袭现象。此外，教师利用大数据统计功能，也能大大降低批改作业的工作量，快速进行成绩统计，及时将学习效果向学生进行反馈。另一方面，采用丰富多样的作业形式。除了思考题式作业外还可采用论文式作业、调查报告式作业、演讲式作业等形式。例如，《思想道德修养与法律基础》中"向道德模范学习"可采用演讲式作业形式，布置一次主题为"发现我们身边的道德模范"的演讲作业，引导学生关注校园道德行为，以小见大，这样不仅能引导学生发现身边的道德模范，增强对母校的认同感，而且能鼓励学生向身边的道德模范看齐，在实践中提升自身道德素质。

四、思政理论课课件制作

（一）多媒体课件的优势

多媒体课件和教案一样，都是思想政治理论课教学设计的重要内容，相较于传统教学方式，思想政治理论课多媒体课件的优势主要体现在以下三方面：

1. 信息量大

在传统的"黑板+粉笔"的模式中，思想政治理论课教师能够使用的教学资源较为有限。例如，教师如果要将授课主要内容在黑板上进行板书书写，需要花费一定时间，因而在一堂课的时间内，教师讲授的信息量不得不受到限制，这就造成教学进度慢，学生的学习效率不高。但随着信息化的发展，多媒体课件能够轻松地将各种信息资源纳入其中。通过投影展示，多媒体课件既可以准确快速地展示思想政治理论课教学内容的主体框架，又可以围绕教学重点和难点将各种新观点、新思想、新问题进行具体展示，能在单位时间内展示丰富的学习素材，从而大大节约板书时间，加快教学节奏，最大限度地优化教学过程，提高教学效率，进而解决思想政治理论课教学内容多与教学课时紧张之间的矛盾。

2. 直观性强

思想政治理论课教师用板书和口头表达的方式向学生展现和传播教学内容，虽然简单易行，但时常令学生感觉深奥抽象、枯燥乏味，难以激发学生学习的兴趣。而多媒体课件集图片、文字、声音、影像于一体，可通过生动的画面、丰富的视频等内容，创造图文并茂、声情融会、动静结合的教学情境。例如，讲授《毛泽东思想和中国特色社会主义理论体系概论》中"坚持人与自然和谐共生"的内容时，通过播放纪录片《微山湖》的先导片，高质量地展现微山湖的自然之美、历史人文之美和微山湖人民的生活之美。在这样一种情境中，更容易让大学生直观感受到建设生态文明的必要性和紧迫性。这种通过播放视频产生的视觉效果，是绝大多数思想政治理论课教师无法用口头描述表达出来的。思想政治理论课多媒体课件可以在单位时间内通过丰富的音像、文字资料等形式生动形象地激活教材文本语言、理论观点，将教学内容化抽象为具体，化静态为动态，化枯燥为生动，从听觉、视觉、感觉等方面给予学生全方位、立体式的感官刺激，使教学内容更具有现场感和感染力，从而引起大学生的注意与兴趣，让大学生产生学习热情。

3. 便于共享

如今，随着共享经济的发展，越来越多的共享新事物出现在我们身边，以共享单车、共享汽车、共享充电宝等为代表的共享产品层出不穷，共享时代已然来临。就思想政治理论课而言，多媒体课件便于通过网络、USB闪存盘等方式快捷传播，具有典型的共享性。因此，无论是对于教师培训、教研交流，还是课堂教学，无论是教师，还是学生，都习惯在相关活动结束后从讲授者处拷贝课件资料。对思想政治理论课教师而言，制作一节课的课件是极其费时费力的工作，而且教师的教学设计能力参差不齐，所以将教学经验丰富、教学能力强的教师开发的具有内容充实、图文并茂、生动形象感染力强的多媒体课件进行共享，能够为其他教师进行教学设计提供借鉴，能够从整体上有效地提升思想政治理论课教师的教学设计水平。对于大学生而言，以教师的多媒体课件为基础，借助课件的辅助教学功能，能够针对课堂学习过程中没有掌握的内容，灵活地利用课后时间进行自主学习。

（二）课件制作的原则

1. 拓展性原则

多媒体课件是信息化时代发展的产物，其丰富的教学素材和生动形象的展示方式，决定了思想政治理论课多媒体课件在教材体系转化为教学体系的过程中发挥着重要作用。但是部分思想政治理论课教师在进行课件设计时忽视拓展性原则，习惯于将教材的知识体系简单复制到多媒体课件上，仅仅将多媒体课件作为一种代替板书的展示工具，难以发挥多媒体课件在教材体系转化为教学体系过程中的独特优势。

在思想政治理论课课程中，教材的选择尤为关键，这些教材不仅仅是普通的教学工具，更是开展思想政治教育的重点要素。通过这些教材，学生能够系统学习马克思主义的理论体系，深入了解社会主义核心价值观，以及国家的法律法规等方面的知识。这不仅有助于学生形成正确的世界观、人生观、价值观，还有助于提高他们的政治素养和思想品质。同时，这些教材为思想政治理论课的课件设计提供了科学而又权威的课程知识参照。就像制作美食，要在原材料的基础上加入各种佐料进行烹制。例如，在设计"毛泽东思想活的灵魂之群众路线"这一部分内容时，可在课件中设计"经典语录：毛泽东论群众路线"，将"真正的铜墙铁壁是什么？是群众，是千百万真心实意地拥护革命的群众。这是真正的铜墙铁壁，什么力量也打不破的，完全打不破的"等观点用图片加文字的方式进行展示。高校思想政治理论课多媒体课件设计应在遵循教材知识体系的前提下，针对当前大学生的心理特点和成长需要，通过播放短小精悍的视频创设教学情境、运用典型案例材料进行问题剖析等拓展方式，对教材内容进行深入挖掘和加工处理。这样的课件不仅忠实于教材体系，而且还在此基础上进行了超越，以更生动、形象的方式呈现了课程内容。这样的教学课件设计不仅能够提高教学效果，更能够激发学生学习的热情，让他们在更加生动有趣的学习环境中更好地掌握知识。

2. 交互性原则

当前，部分大学生对思想政治理论课缺乏学习兴趣，其中一个重要原因是部分教师对交互性原则缺乏足够的重视。这些教师忽视学生的感受，不能根据学生的需求灵活地进行调整，而是习惯于按照预先制作的课件进行单向式讲授，教学方式只是由以往的"满堂灌"变成"多媒体灌"。尽管看上去教师站在讲台上能够结合课件滔滔不绝地讲课，但师生之间缺乏交流、沟通，台下的学生听者寥寥，教学效率低下，教师只是将自己变成了课件的"播放员"。思想政治理论课课件应注重教师与学生、学生与学生之间的互动，设计互动环节，改变过去那种单向性教学。具体而言，互动环节包括两部分内容：一是提问式互动。思想政治理论课教师在课件中需结合教学案例进行设问，一个好的问题往往能迅速激发学生参与互动的积极性，从而促进师生之间的互动。因此，提问不能是简单的知识性提问，而应是开放性的设问。二是讨论式互动。思想政治理论课教师在课件中可结合教学内容设置具有讨论价值的主题，引导学生畅所欲言，让学生能够充分吸取班级其他同学的想法，促进学生与学生之间的互动。此外，思想政治理论课教师在进行课件设计时还应留有一定的弹性，为教学互动提供足够的空间。

3. 艺术性原则

现代科学技术让多媒体课件集文字、声音、图像、视频、动画等素材于一身，具有多种展现方式。因此，思想政治理论课课件设计也是一门艺术，需要注意两个方面：一方面，要注意课件模板的选择。面对网络上海量的课件模板，一些思想政治理论课教师在选择课件模板时存在两个极端：有些教师喜欢五光十色的模板，这使得课件模板过于花哨；有些教师只用白板，则显得过于单调。在选择课件模板时，应该根据思想政治理论课的课程性质和教学内容，选择简洁明了、颜色淡雅的模板，让学生在视觉上感觉舒服、优美。另一方面，要注意课件页面制作。有些教师仅仅是将大段的文字复制在课件页面；有些教师只顾堆积素材而让课件页面排列杂乱；有些教师选择的图片、视频等素材清晰度不高；有些教师设置了大量的动画效果，这些都是不可取的做法。课件页面的文字要言简意赅，具有概括性、简洁性、逻辑性，将教学核心观点体现出来即可，文字的字体、颜色、大小设置应适当、协调。课件页面的图片、视频等素材布局要大方，画面要美观。动画效果的选择不能贪多，适度使用盒状、擦除、展开、飞入、百叶窗、棋盘等效果，尤其要避免大量使用音效。课件页面制作要让学生产生清新、愉悦的感觉，从而加深他们对教学内容的感知、理解和记忆。

第三节 高校思政理论课教学方法

一、主要教学方法

如果说教学模式主要是高校和学院必须思考的问题，那么，教学理念和教学方法则主要是教师必须理解的问题。教学最终体现在教师的课堂教学行为上、体现在教师具体的教学方法上。因此，教师应掌握课堂教学主要的教学方法及其基本规范。

（一）讲授法

讲授法是一种常见的教学方法，教师通过向学生传授知识、概念和技能，并促进学生情感和思想品德发展的教学方法。讲授法是教师直接将信息传递给学生，并有效地分配课堂时间，以尽可能高效地实现一系列明确界定的目标。讲授法尤其适用于教授那些学生必须掌握的、定义明确的知识或技能。讲授法是思想政治理论课教学中最主要的教学方法，几乎任何一种教学模式和教学方法都包含讲授法。由于讲授法具有特殊重要性，许多教学理论家都明确提出了运用讲授法的一系列教学策略和规范。我们还可以从前述各种教学理论中吸取讲授法的一般教学策略。

1. 主要形式

讲授法有讲读、讲述、讲解、讲评等不同形式。讲读是讲和读的结合；讲述是介绍学习材料、叙述事物变化发展的过程等；讲解是对概念、原理、规律进行分析、解释或论证等；讲评主要是对理论和原理以及学生的学习过程和结果进行评价。讲读、讲述、讲解和讲评的区分是相对的，实际上它们之间也相互联系。

2. 一般步骤

结合德国教育家赫尔巴特的"四步教学法"、美国教育家杜威的"五步教学法"以及相关教学过程理论，运用讲授法一般要遵循以下步骤：（1）组织教学，简明地阐述学习目标，集中学生的注意力，激发其学习心向；（2）简洁扼要地回顾和复习先前学习的相关知识，激活学生的相关背景知识，有逻辑地提出新的学习内容，可以运用前后知识衔接、创设疑难情境、运用案例典故等方式引入新课；（3）讲解新知识，根据学生学习的状态调整教学节奏；（4）围绕教学内容简要讨论并回答学生提问；（5）课时教学小结，提出需要思考的问题或将要学习的内容。

3. 内容要求

讲授法最重要的要求是对讲授内容本身的要求。讲授内容的呈现要有条理性，切忌缺乏关联性和逻辑性；要突出基本性和基础性，分清哪些是"主食"，哪些是"辅料"，要为"主食"服务，不能"辅料"太多而"主食"简单带过；要突出导向性，案例和例证要为讲授服务，切忌"跑偏"，案例要富于典型性、教育性和启发性；还要注重讲授内容的整体性，将知识从横向到纵向贯通起来，避免教授内容的孤立化和碎片化。

4. 策略要求

有效运用讲授法，需要认真研究和思考如何讲授的问题。许多教师认为，自已讲了十几年甚至几十年，怎样讲已经不成问题了。其实，讲授法需要有效的策略，是否善于运用有效策略是影响讲授法效果的重要因素。例如，讲课应留有余地，耐人寻味，要启发学生积极思考，使学生的思维随着教师的讲课而活动。

5. 言语与非言语行为艺术

口头语言行为是讲授法的核心要素。语言要清晰流畅、准确精练、条理清楚，讲授的音量和速度要适中，要根据学生的专注程度有意识地调节。此外，要辅之以眼神、手势、姿态和面部表情，提高语言的感染力。这就要求教师在讲授时，心中要有学生，此外还要注重教学态度和教师仪表，饱含教学热情。

6. 板书要求

板书是讲授法的重要辅助工具。板书的基本要求如下：板书要结合教学内容进行设计，通常有逻辑要点式、结构图形式和图表演示式三种形式；板书既要系统完整，又要简明扼要；板书要正确规范、书写美观。

（二）问答法

问答法或谈话法是通过师生问答、对话等形式来展开学习和探究的一种教学方法，一般与讲授法同时运用，也可独立运用。问答法有助于通过师生互动来激发学生思维，培养其独立思考能力和言语交际能力，是思想政治理论课教学广泛运用的方法。

1. 明确目的

运用问答法，主要是为了深化学生对问题的思考和探究，同时也是为了评估学生对教学内容的掌握情况。一般不宜将问答法作为课堂管理的一种手段，例如，用比较偏僻深奥的问题来拷问没有专注听课的学生，或用问答法来检查学生课堂出勤情况等。问答法强调师生双方围绕一个问题层层深入地探究，其目标指向是学生对问题的理解而不是管理学生。同时，要让学生感受和体验到教师运用问答法的动机上的真诚性，否则，问答法就会失去其作为教学方法的意义。

2. 一般流程

一是设计问题，问题要明确、有挑战性。二是开展问答教学。教师要善问，要设计从一个问题过渡到另一个问题的策略提问、设问、追问、反问等，要注重激活和深化学生的思考；要注重启发诱导，揭示问题的关键和本质所在，提示分析问题的可能视角。三是问答总结。要概括问题的实质，梳理回答问题的视角，归纳和分析对问题的各种观点，启发学生进一步思考的方向。

3. 避免倾向

一种倾向是教师居高临下，对学生不愿意或不会回答的情况一味责备，不能容忍学生回答错误，不能容忍学生和教师有不同的意见等。另一种倾向是把问答法形式主义化，片面理解和追求课堂活跃度、学生参与度或"抬头率"等，用简单低级的问题，一问一答机械地进行，这种浮于表面的"表演"，不仅没有学生的专注思考，也没有师生间的深度对话和交流。真正意义上的教学互动，是学生专注并积极参与其中，不是表面的"表演"。

（三）讨论教学法

讨论教学法是高校思想政治理论课教学的常用方法，讨论教学法是在教师的主导下，充分发挥学生的主体性，旨在深化学生对知识的理解，加深学生对问题的认识，加深学生对情境或理论意义的体验，拓宽学生的知识视野，提高学生分析问题和解决问题的能力而采用的一种教学方法。

1. 主要形式

讨论教学法主要有主题讨论、案例讨论、课题研究讨论、读书会讨论、辩论讨论、嘉宾参与讨论等形式。主题讨论和案例讨论是教师组织学生围绕一个教学主题或案例，以分组形式或个别发言等形式，运用说理与论证、举例与归纳、比较与分析、概括与总结等思维，对教学主题或案例进行深度讲述的教学方法。课题研究讨论是教师组织学生开展课题研究（或一组学生共同完成一个课题，或多组学生分别完成一个课题，或一名学生独立完成一个课题），学生在课堂上交流和讨论课题研究过程、结论和感悟的教学方法。读书会讨论是教师组织学生开展课外阅读（或全体学生阅读指定的文献，或分组阅读不同的文献），学生在课堂上交流和讨论阅读感悟的教学方法。辩论讨论是教师组织学生以辩论的方式，对两种对立的观点或立场进行辩护或批驳，从而深化学生理解的教学方法。嘉宾参与讨论是教师组织学生模拟嘉宾或邀请嘉宾，围绕某个主题以嘉宾叙述或嘉宾与学生对话等方式开展教学的一种教学方法。在实际运用中，上述讨论形式往往是相互交叉的。

2. 一般步骤

不同的讨论形式，有不同的操作步骤。概括起来，讨论教学法的一般步骤有：讨论主题的选择；讨论活动的准备，包括确定发言人选、学生准备发言内容、讨论条件准备等；讨论过程的展开与引导；讨论总结与讲评。

3. 主题的选择与准备

讨论教学的关键之一是讨论主题的选择。讨论主题要根据教学目标和学生实际，有计划地精心设计，一般由课程教学组集体设计。讨论主题一般选择重大理论问题或重大现实问题，既不能过于宽泛，也不能过于具体；既要有思想性和教育性，又要有可讨论性，另外，还要有适度的学理性，不能太过专业化。讨论主题要具有较大的讨论空间，能够激发学生进行多维度的思维和探究。讨论前，教师要向学生讲明讨论主题和讨论要求，要指导学生围绕讨论主题确立思路、收集资料，要检查学生围绕主题准备相关资料的进展情况。

4. 引导总结讨论过程

讨论教学的另一个关键是过程引导。在讨论过程中，教师既要鼓励学生大胆发言，充分交流，又要引导学生聚焦主题。教师要鼓励学生广泛参与，可适当提示讨论角度，引导学生围绕主题进行深入的互动探究和意义构建，对于讨论过程中的非预期事件，教师要准确判断并有效引导。讨论临近结束时，教师要进行讲评和总结，讲评应充分肯定学生，并提出进一步思考的建议。在总结时，教师尤其要处理好肯定学生主动思考的价值与有理由地质疑学生观点之间的关系。

5. 明确教师定位

教师要处理好学生主体作用和教师主导作用的关系，处理好平等交流与思想引领的关系，处理好重点发言与普遍参与的关系。总之，要立足教学目标、课程内容和学生实际，精心组织，加强管理，使讨论教学法达到最优效果。

（四）学生主导型教学法

随着主体性教学理念的普及，学生主导型教学法被不断运用于思想政治理论

43

课教学之中。这些教学法主要有合作学习、自主学习以及同伴教学和发现学习等。

1. 主要特点

其特点是强调学生学习的自主性、参与性和合作性。合作学习中的小组学习或课题研究学习要突出小组成员的互相合作；自主学习把课程计划中的部分内容交由学生独立完成；同伴教学重视互教互学；发现学习强调学生独立或合作的探究与发现过程。这些方法都强调学生的自主、参与及合作。在这里，教师把学习的自主权交给学生，包括学习目标设定、学习内容选择、学习步骤安排甚至是学习效果评定等，都交由学生完成，让学生真正成为学习的主体。

2. 教师主要任务

在学生主导型教学中，教师的主要任务是为学生"搭脚手架"。"搭脚手架"就是为学生的自主学习创造必要的环境和条件，如使学生保持完成任务的动力，帮助学生制订自主探究的计划，设计学生感兴趣且有挑战性和教育意义的讨论主题，营造有利于辩论和建设性评价的课堂氛围，通过提问促进学生有效思考，经常给予学生反馈建议，为学生提供帮助，尽可能使其高水平地完成任务以提高自我效能感等。此外，教师还要创设一种智力探究的愉悦环境，让学生体验到智力活动的乐趣。

3. 教师的作用

在学生主导型教学中，教师由讲授者和组织者转变为指导者和建议者，这只是任务和角色的转变，并不意味着对教师作用和地位的否定。事实上，在学生主导型教学中，教师的"搭脚手架"工作成为决定教学效果的关键因素。首先，教师需要通过鼓励、赞扬和提供支持等方式，帮助学生建立对自己学习能力的信心，使他们相信自己能够克服困难，取得进步。其次，教师还需要通过组织课堂和设计学习任务，引导学生逐渐发展出自主学习的能力，从而使学生能更好地适应未来的学习挑战。

（五）程序教学法

程序教学法是基于教学机器或程序教材，以小步子和及时强化为机制，以个人自学为主要形式的一种教学方法。20世纪30年代，美国教育心理学家普莱西最早设计出一种基于机器教学的自学方法。20世纪50年代，美国心理学家斯金纳提出了个别教学的程序教学思想。到当代，传统的教学机器与现代互联网相结合，产生了慕课和翻转课堂等新的教学形式，其精神实质与程序教学法异曲同工。

1. 一般思想与操作步骤

程序教学法基于以下假设：整体的知识可以分解为小的部分，复杂的知识可以分解为简单的单元；把整体性和复杂性的知识分解为小的部分或单元来开展教学，更有利于学生的自主学习；对学生每一小部分或单元的学习给予及时强化，能促进学生的学习。其操作步骤如下：把学习内容分解为若干部分，学生自定学习步调，即个性化地确定完成教学步骤的速度；从小的部分和简单的单元开始学习，逐步拓展和深化，直至完成学习任务。

2. 程序类型

程序是指包括知识呈现、学生按步骤学习与效果检测操作、学习效果检测反馈等在内的一整套流程。程序教学法中的程序种类较多，主要有直线式程序和衍枝式程序。直线式程序最早由斯金纳创立，也叫线形程序。它把教材分解为一系列连续的部分或单元，每个部分或单元作为教学程序的一个小步子；学生每学习一步后，程序进行自动检测；如果学生答对了，则进入下一步，如果答错了，机器（或程序教材）则会呈现正确答案，在学生学习正确答案后，再进入下一步，依此类推。衍枝式程序是美国教育家克劳德根据直线式程序修正而来的一种学习程序。学生自定学习步骤，每学习一步后进行检测，如果答对了，则进入下一步；如果答错了，则进入一个针对错误答案的衍枝式程序进行学习，衍枝式程序学习检测合格后返回主程序继续进行下一步学习。此外，还有美国心理学家凯（Kay·H）在莫菲尔德大学任教时将直线式和衍枝式程序相结合而提出的一种程序教学模式，即莫菲尔德程序。

3. 教师主要任务

教师在运用程序教学法时，其主要任务，一是根据教学目标和任务设计教学程序，编制具有逻辑性、有助于学生自学的程序教材；二是及时给予学生强化，将多种强化物和强化程式编入教学程序，使学生完成每一步的学习任务都能获得一种不确定的强化，以保持学生的学习动机水平。在以往的传统教学模式中，教师虽然有时也会意识到及时和恰当强化的价值，但是他们无法做到这点。而程序

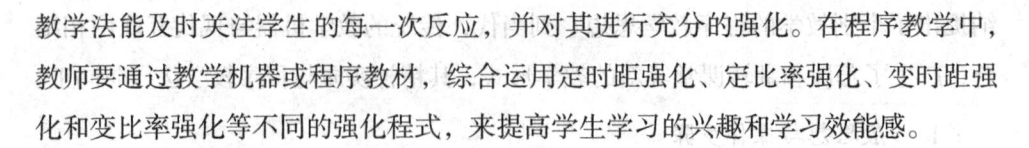

教学法能及时关注学生的每一次反应，并对其进行充分的强化。在程序教学中，教师要通过教学机器或程序教材，综合运用定时距强化、定比率强化、变时距强化和变比率强化等不同的强化程式，来提高学生学习的兴趣和学习效能感。

（六）范例教学法

范例教学更多地属于一种教学理论流派或教学模式，之所以在这里对其加以阐释，是因为它对思想政治理论课教学具有重要的方法论启示。范例教学法的核心思想是通过选择最基础和最本质的知识作为"范例"，并以此为基础展开教学。教师通过深入浅出地解析这个"范例"，旨在帮助学生理解问题的本质和基本原理。其代表人物是德国教育家瓦·根舍因和克拉夫基等。范例教学法强调，人既没有必要，同时也不可能全面地掌握一个学科或一门课程的所有知识，教学不是要面面俱到地传授具体的知识，不是要让学生掌握大量细枝末节的材料，而是要传授知识体系的"范例"，即本质性、结构性和规律性的知识。范例教学可以有效解决海量知识信息与较少教学时数之间的矛盾，更重要的是有利于帮助学生通过掌握范例来理解知识体系，并学会学习。

1.选择"范例"原则

在范例教学法中，选择"范例"是一个关键的决策过程，而这个选择需要遵循基本性、基础性和范例性这三个原则，其中基本性原则要求教学内容在选择"范例"时应该体现学科和课程的基本知识结构和规律，确保学生在学习的过程中能够掌握并深刻理解学科的核心要素。基础性原则是指教学内容是以学生的基本经验和发展水平为基础，与学生的生活经验有内在联系，能触动学生心灵和照亮学生精神世界的知识。范例性原则是指教学内容应成为沟通学科知识结构与学生思维结构的桥梁，是具有代表性、典型性和启发性的知识。

2.基本步骤

德国教育家施滕策尔提出，范例教学有四个基本步骤：一是学习"个"，即通过典型的和具体的个别实例来阐明事物的特征；二是学习"类"，即由个案出发，探讨"类"现象，把握"类"特征；三是掌握规律和范畴，归纳"类"现象和"类"特征背后的规律性；四是帮助学生在学习过程中获得更多关于世界和自身生活的经验，学生不仅仅需要了解科学知识的事实和规律，更需要通过个人的生活经验将这些知识融入自己的思考和体验中。施滕策尔主张，范例教学过程的精髓是由个别上升到一般，把个别知识的学习与系统知识的学习联系起来；由客观转变为主观，把客观知识内化为学生精神世界的元素，实现教学与教育的统一。

3. 实施范例教学的关键着力点

德国教育学家克拉夫基认为，教师要对教学内容进行五个方面的分析，这是实施范例教学的关键着力点。这五个方面的分析如下：（1）基本原理分析，即分析本范例讲授涉及哪些具有普遍意义的知识，可以使学生掌握哪些基本原理和基本方法；（2）智力作用分析，即分析本范例教学所涉及的基本知识、基本原理和基本方法对于发展学生的认识能力有什么作用，通过分析这些要素来明确教学重点；（3）未来意义分析，即分析本范例讲授对学生今后的生活有什么作用，采取什么措施帮助学生认识这些范例知识对他们未来生活的意义；（4）教学内容结构分析，即分析本范例在整个教学内容体系中的位置，以及范例的要素及其层次、教学难点和重点等；（5）内容特点分析，即分析本范例在形式、内容、性质等方面有哪些特点，运用哪些有效手段激发学生的学习兴趣，从而完成教学目标。

（七）实践教学

实践教学是相对于理论教学而言的课程方案的有机组成部分，是整个思想政治理论课教学中的一个教学模块。它不是一种教学模式，也不是一种教学方法，正如不存在"理论教学法"一样，也不存在所谓的"实践教学法"。之所以把这个问题放在这里阐述，主要是为了方便叙述。这里就思想政治理论课实践教学的几个问题进行简要阐述。

第一，思想政治理论课实践教学中的"实践"包含参与人类一般实践，但不等于人类一般实践。在一般意义上，实践是人类能动地改造客观世界的社会性活动，是以改造客观世界为目的，主体和客体之间通过一定的中介发生相互作用的客观过程。人类实践的具体形式多种多样，作为一种广泛存在于人类社会生活中的活动，可以根据其内容和性质划分为三种基本类型，即物质生产实践、社会政治实践和科学文化实践。思想政治理论课实践教学中的"实践"则是相对于理论教学的"听"和"思"而言的，是侧重于学生参与、体验和感悟的教学形式。它不是直接地改造世界，而是认识和理解世界，其根本任务是通过具有参与性和体悟性的活动使学生更深刻地理解理论知识，并获得一定的体验和感悟，从而帮助学生更加深刻地理解历史、理解社会和理解人生。

第二，思想政治理论课实践教学中的"实践"也不等于大学生思想政治教育视野中的"社会实践"。当前，高校对思想政治理论课教学中的实践环节极为重视，但在这一过程中还需要明确一些关键问题。首先，必须明确区分大学生思想政治教育和大学生思想政治理论课，特别是在实践教学方面。大学生思想政治教育是一个庞大而复杂的系统工程，在这个工程中，思想政治理论课占据着重要的地位。这门课程不仅仅是传授理论知识，更是培养学生的思想觉悟和社会责任感的平台，因此，在思想政治理论课的教学中，特别需要注重实践环节的设计与实施。同时，对于实践环节，我们需要将其划分为大实践和小实践，以更好地服务于大学生的全面发展。我们通常所说的"社会实践"相对于思想政治理论课教学的实践活动而言，可以被视为"大实践"，大实践主要是为了让学生深入社会，培养学生的实际能力和提升学生的思想觉悟水平，推动思想政治理论课的更好发展。然而，现如今很多高校都将这种大实践视为思想政治理论课的实践活动，这是一种十分不可取的方法。相对而言，思想政治理论课中的实践只能算是一个"小实践"，其主要用于激发教学氛围、调动学生积极性。通过这些活动，学生能够在实践中更深刻地理解和应用所学的理论知识，从而全面培养学生的素养。

第三，思想政治理论课实践教学有多种组织方式，要根据教学目标、任务和学校条件，立足实践教学的目的，通过具有参与性和体悟性的活动来促进学生更深刻地理解马克思主义理论，加深学生对马克思主义理论和中国特色社会主义的认知。科学安排实践教学，要按照因时因地、就近便利、参与面广、校本特色和符合大学生特点等原则，精心组织实践教学。高校思想政治理论课实践教学要以大学生读书报告会、专题研究报告会、理论征文、演讲辩论等符合大学生特点的课堂活动为主，有条件的学校可以结合校本资源和校本特色，开展其他形式的实践教学活动。

第四，实践教学要落实学校教学的规范性要求。实践教学是思想政治理论课课程方案的重要部分，具有一系列规范性要求，如学时学分要求、目标任务要求、组织实施要求、考核检查要求、成绩评估要求等。要和理论教学一样，强化教学实效，精心编制计划，高效组织实施，科学考核评估，真正发挥实践教学的作用。

通常所说的"专题式教学""问题式教学""案例教学""情境教学"等可以理解为范例教学的一种变式，在此不再赘述。

二、高校思政理论课教学方法改革创新

近年来，高校思想政治理论课教学方法改革研究受到前所未有的重视，大批国家级、省级和校级专项研究项目深入开展，并取得了一系列研究成果。同时，广大教师积极创新课堂教学方法，形成了诸多具有推广价值的教学模式和教学方法。但应该看到，思想政治理论课教学效果与党中央的要求和学生的期待还存在较大的差距；课堂上学生的专注度和参与度还不高，因此教学方法改革创新还需要进一步推进。

（一）教学方法改革创新的着力点

思想政治理论课教学方法改革是一个系统工程。在教学方法改革创新上，必须重点做好以下三个方面：

1. 理论与实践相结合

理论与实践相结合，是思想政治理论课教学焕发活力的关键，也是教学方法改革创新的重要着力点。这不仅是因为马克思主义理论根植于生活实践，还因为我们对现实生活的认知迫切需要理论的滋养，没有科学理论的滋养，我们难以对生活产生热情。因此，理论讲授要联系现实生活，理解现实则要回望理论。把理论与实践结合起来，既是增强理论自身魅力的必由之路，也是点亮生活智慧的必由之路，还是思想政治理论课教学方法改革创新的重要着力点。做到理论与实践相结合，应该注意以下几点：

第一，在进行理论教学时，紧密联系现实生活是至关重要的。理论不应该只是抽象的概念和观念，而应该能够与学生的日常经验和社会现实相结合。通过将理论知识与实际情境相融合，可以增强学生对理论的理解和应用能力，使其更好地在实践中运用所学知识。为此，理论教学不仅要与近代以来的中国革命和社会主义建设的历史相联系，也要联系中华民族和人类文明的发展史。马克思主义理论的魅力不仅体现为它本身的逻辑力量，更体现为它对实践生活的巨大指导作用。

第二，理论教学不仅应该传授学科知识，还应该与当代大学生的思想现实和理想抱负相联系。学生不是单纯地接受知识的容器，他们具有丰富而复杂的思想和情感，他们渴望认识历史、认识社会、理解人生。因此，在教学过程中，理论知识的传授不应该仅仅停留在书本上，而是应当深入学生的日常生活和实际经验中，只有当理论教学与学生的实际经验紧密结合时，学生才能真切感受到知识的实用性和现实意义，理论知识才能真正内化为他们观察生活和理解人生的科学支点。

第三，理论教学联系现实生活和学生实际，并不意味着忽视理论在教学中的重要性。恰恰相反，联系实际是为了更好地展现理论本身的魅力，更好地彰显理论的力量，从而更好地使理论成为照亮大学生人生道路的灯塔。要想强调理论要联系实际，并把它作为教学方法改革创新的着力点，必须坚决反对那种简单地罗列事实或列举故事的做法。在教学中，援引现实案例、列举生活事实，目的不在于这些案例和事实本身，也不在于通过这些案例和事实使教学更加生动有趣，而是为了帮助学生理解理论知识的表面含义，更是为了引导他们深入思考理论背后的逻辑和内在力量，同时促进学生将理论融入自己的精神世界，成为其思维和行为的内在驱动力。

2. 传授知识与培养情怀相结合

传授知识与培养情怀相结合，是教学的教育性原则对一切课程教学的共同要求，更是对思想政治理论课教学的要求。自然科学的教学在传授科学知识的同时，还要培养学生认识自然的方法论和科学精神，使其理解自然本身的魅力；人文社会科学的教学在传授人文知识的同时，还要注重培养学生认识历史和人生的方法论以及人文精神，使其理解人类和人类历史的魅力。因此，思想政治理论课教学更要将两者紧密结合，具体做法如下：

第一，正确把握教学过程中掌握知识与提升素养的关系，树立传授知识与培养情怀相结合的教学理念。在传授知识的过程中，教师要引导学生积极思考，并由此培养学生的思想情怀。教师还要认真研究如何充分发挥知识的方法论意义和作为人生智慧的生活价值，突出马克思主义理论的价值追求，以及凝结在理论和知识之中的中国共产党人的智慧和情怀，并围绕这种意义和价值、智慧和情怀来组织教学活动，并将其贯穿在整个教学过程中。

第二，加强对培养情怀的教学方法论和具体教学方法的探索和研究，推进将传授知识与培养素养相结合的教学理念转化为操作性的教学方法。要认识大学生思想素养形成的一般规律，探寻思想政治理论课教学培养人的思想素养的发力点，认真研究如何在各种教学模式，尤其是"中班教学＋小班研讨"及"知识—方法—境界"和"知识—情感—信念"三位一体的教学模式中强化思想素养的培养，研究如何改革讲授法等教学方法的步骤和策略，以便更好地把传授知识与培养情怀统一起来。

第三，研究传授知识和培养情怀相结合的操作方案。例如，思想政治理论课教学从什么角度来培养学生的素养和情怀，它与学校思想政治工作的角度有何区别和联系？知识与情怀之间是什么关系？知识如何转变为情怀？大学生思想情怀有什么特点和规律？诸如此类，这是教学方法改革创新必须回答的问题。

3. 传统教学方法与现代教学方法相结合

在教育领域，科学合理地结合现代和传统教学方法是提高教学效果的关键。现代教学方法注重创新、互动和技术应用，为学生提供了更加丰富多样的学习体验，因此，将传统教学方法和现代教学方法有机结合，是思想政治理论课教学方法改革创新的又一个着力点。

第一，在信息化和网络化时代，随着网络终端的普及和技术的迅速发展，科学合理地运用现代教学方法成为教育的必然要求。这一要求的背后是对当下教育的创新和变革，以适应当代学生的学习需求和社会发展的要求。网络世界具有信息海量、生动形象、即时快捷、交互便利等特点，它使课堂阵地和书本载体面临前所未有的挑战。通过科学合理地运用现代技术手段，教师可以构建出吸引人的教学平台，创造出引人入胜的教学模式，以及有效的教学方法体系。此举不仅可以提升学生的学习积极性，还能促进他们更深入地理解和掌握思想政治理论。

第二，充分发挥传统教学方法的优势，也是教学方法改革的基本路向。现代教学方法，如慕课、翻转课堂、学生主导型教学等，充分运用网络技术，使知识信息载体多样化和知识传授形式生动化，这些因素使得现代教学方法具有独特的优势。但任何一种方法都是有局限的。因此，教师在运用现代教学方法的同时，又必须自觉认识并有效地消除可能存在的弊端,并发挥传统教学方法的优势。

第三,要研究传统教学方法和现代教学方法相结合的操作方案。例如,人—机系统的优势与局限是什么?哪些知识适合放置在网络,并以什么顺序和结构放置?建构思想政治理论课慕课体系和"微课程"教学的程序教学教材,应该遵循哪些基本原则?哪些知识必须在课堂精讲?慕课和翻转课堂中教师应如何发挥主导性?等等。这也是思想政治理论课教学方法改革创新需要回答的重要问题。

(二)教学方法改革创新应注意的问题

教师在抓好教学方法改革创新的着力点的同时,还需要深刻理解教学方法与教学理论之间的相互关系,认识到改进教学方法与全面提升教学能力之间具有密不可分的联系。正确理解这些关系是确保提高教学质量和改善学生学业成果的关键一环。

1. 正确认识教学方法与教学理论的关系

第一,教育者需要在教学实践中不断深化对教学理论的理解和运用,使之成为指导教学方法改革的有力工具,进而引领教育的发展方向,为学生提供更富有创造性和深度的学习体验。一般方法的原理可以指导个人方法的改进。所谓一般方法的原理,就是指教育教学理论。德国教育家赫尔巴特也曾指出:"方式在任何地方都不受欢迎,但它在任何地方都存在。"[1]方式之所以不受欢迎,是因为它容易陷入僵化的局面,并流于形式。因此,要深入认真地学习关于教育教学的基本理论,而不是简单地复制或拷贝他人的教学方案和模式;学习借鉴一种教学方案和模式,不仅要知道"是什么",更要理解"为什么"。

第二,缺乏教学理论滋养的种种"方法改革",往往会陷入机械主义或形式主义的误区。举例来说,当我们倡导强调学生主体性的教学理念时,一些教师往往陷入一个误区,即在实际教学中对传统的讲授法持过度否定的态度。理论上,强调学生主体性是为了更好地满足学生的学习需求,激发他们的学习兴趣和主动性。然而,在实践中,一些教师可能过于强调学生主体性,而忽视了教师在知识

---

[1] [德]赫尔巴特(J.F.Herbart).普通教育学[M].[英]费尔金夫妇(Henry M.and Emmie Felkin)译;尚仲衣重译.北京:商务印书馆,1936.

传授和引导方面的重要作用，片面地把讲授法等同于"满堂灌"。

2. 正确认识改进教学方法与全面提升教学能力的关系

第一，全面提升教学能力是切实改进教学方法的必要条件，要切实改进教学方法，就必须全面提升教学能力。在某种意义上，没有深刻理解思想政治理论课课程属性和教学属性，没有科学认识思想政治理论课教学目标和教学过程，就不可能真正改进教学方法。如果教师运用这些方法而置自己的常识于不顾，对自己必须应对的情境也不了解，那么用这些方法比不用还糟糕。但是，如果教师把获得的这些方法作为思考的工具，这些方法在教师获取独特经验的过程中抓住了各种需要，充分运用了各种资源，克服了面临的种种困难，那么这些方法就发挥了建设性的价值。孤立地讲方法，而不了解方法运用的情境和各种条件，犹如做无用功。在教育领域，教学方法的选择和运用虽然重要，但更为关键的还是教师本身全面的教学能力。即使有再好的教学方法，如果教师没有全面的教学能力，这些方法也难以被科学合理地应用于实际教学中。

第二，只有全面提高教学能力，才能懂得教学方法的真谛。季羡林先生在谈到他的老师朱光潜先生的教学特点时说："朱先生不是那种口若悬河的人，他的口才并不好，讲一口安徽味的蓝青官话，听起来并不美。看来他并不是一个演说家，讲课从来不看学生，两只眼向上翻，看的好像是天花板或者窗户的某一块地方，然而却没有废话，每一句话都清清楚楚。"[①] 可见，朱光潜先生并不善于演说，也没有花样翻新的"方法"，但他的教学给季羡林先生留下了深刻而难忘的印象。朱光潜先生讲课"没有废话，每一句话都清清楚楚"，这就是全面教学能力，这种能力对于教学来说是比孤立的方法更为核心和重要的因素。

---

① 宛小平：美学大师朱光潜的为学和为人 [EB/OL].（2021-01-24）[2023-06-01].http://www.ahwang.cn/ent/20210124/2188948.html.

第三章 高校思政教育的体系构建

在当前社会背景下,高校不仅要培养学生的专业技能,更要注重塑造学生的道德品质和社会责任感。而构建高校思想政治教育体系就是为了确保教育目标的全面实现。通过构建思政教育体系,高校可以在教育教学的每个环节中引导学生树立正确的价值观念,提高他们的社会责任感和文化素养。本章主要介绍了高校思政教育的长效机制,高校思政教育的维度体系,高校思政教育的话语重塑。

第一节 高校思政教育的长效机制

一、高校思政教育工作机制优化的价值内涵

(一)基础价值——维护大学生意识形态安全

1.大学生意识形态的现状分析

当前,我国正经历着社会主义市场经济制度逐步发展和改革开放不断深化的阶段。这一过程伴随着社会结构的调整和经济形态的演变,使得社会的政治、文化环境发生了翻天覆地的变化。在这个背景下,大学生群体的思想观念、意识形态、行为方式等方面也出现了明显的变化。为了更好地适应社会的发展和变革,高校作为培育高素质人才的主要场所,必须积极采取各种措施,全面强化大学生的思想政治教育。通过全面加强教育工作,我们能够引导大学生树立正确的社会主义价值观,增强他们的文化自信心,加深他们对社会主义制度的理解和认同。这不仅有助于强化社会主义核心价值体系在大学生中的地位,也有助于他们更好

地参与社会发展，为建设社会主义现代化国家贡献力量。

因此，我们应该认识到大学生思想政治教育的紧迫性和重要性，了解大学生意识形态的现状，采取有力措施，使其更加贴近大学生的实际需求，更好地引领大学生在社会主义核心价值体系的指引下茁壮成长。

（1）大学生意识形态的发展趋势

大学生的思想随着时代的发展与变化与时俱进，并且是一种走向健康的趋势，大学生的思想表现出一种积极向上的态度。越来越多的大学生开始关心国内外时事政治，爱国热情愈加强烈。大学生的人生观和价值观也愈发成熟，在问题的思考上更多是考虑整体，社会责任感明显加强，个人主义下降。大学生作为未来发展的中流砥柱，其爱国思想关系到国家未来的发展，大学生要学会自我思考，包括如何实现自我价值，如何更好地进行自我规划等。要在新形势下做好大学生的意识形态工作，确保马克思主义在大学生意识形态中占据主导地位，使大学生在潜移默化中坚定社会主义核心价值观，并能进行自我批评、自我完善。

（2）大学生意识形态存在的主要问题

从整体上看，当代大学生的主流思想是积极向上、充满正能量的，在主流意识形态上以爱国主义、社会主义思想为主，并且在意识形态、人生观、价值观、世界观、择业就业观念上都具有时代的特征，是新时代的产物，也是新的矛盾与问题的产生。

我国正处于社会转型这一阶段，随着经济全球化的影响，造就了复杂及多元化的社会环境，这对当代大学生的主流意识思想既有积极的影响，同时也产生了一定的消极影响。在新的思想和观念的冲击下，大学生的自我判定标准会出现偏差，难以抉择。这是因为在新时代背景下，往往会出现新旧两种不同的道德观念，它们之间有着联系却也有着冲突，大学生在生活中对于不同的现象会呈现出不同的反应和评价，对于事物也会给出不同的认识。在新的认知中，以往的助人为乐、舍己为人等优秀的传统品格得到了不同的理解，甚至有的传统品格不再占主导地位，在这种情况下，大学生们很难形成一个共同奋斗的价值目标。同时，由于大学生的主流意识形态教育内容滞后于社会现实，在大学生面对现实生活中的困惑时，缺乏强有力的指导内容。再加上学校理论教学的形式较为单一，内容也与学生实际情况脱离，主要还是以知识教育作为主流意识形态教育的主要内容，这些因素是造成大学生出现理论基础薄弱、意识形态不明确等现象的原因。

另外，由于大学生还没有形成正确的思想意识形态，容易受外部环境的影响，在一些消极因素的影响下，大学生容易注重现实功利而忽视理想信念，关注物质创造而轻视意识形态。随着我国市场经济的飞速发展和经济全球化影响的日益加深，大学生的精神追求更趋向于物质化，并且在复杂的社会环境中，形成盲目的追求和出现趋利的道德思想状况。由于大学生的社会阅历不足，主观能动性较低，在社会实践中难以对事物进行正确分辨，导致大学生容易形成高物质的价值主义观。此外在信息化的时代中，大学生们有了更多更快获取多类信息资讯的途径，这导致大学生的主流意识形态容易发生变化，这也是目前我们面临的问题之一。

2.大学生意识形态教育的重要性

大学生要从根本上加强意识形态教育。大学阶段是大学生正处于人生观、世界观、价值观形成与确立的特殊时期，因此要注意把握思想动态，注重大学生的德育教育。中国数千年的文化中，一直注重德育的教育。随着时代的变迁，德育的内涵也要与时俱进，通过大学生价值观的变化和发展规律，教育机制也要进行改革，进行多层次、多元化、动态化的教育改革，以更高的要求提升大学生的综合素质，树立大学生的社会责任意识。

（二）核心价值——增强大学生思想政治教育实效性

1.实效性是大学生思想政治教育的价值取向

大学生的思想政治状况直接关系整个中华民族的素质状况，在现如今大学生群体出现思想认识多元化的情况下，尤其是一些错误思想及观点已经对大学生的思想行为产生了负面影响，因此更加需要加大对当代大学生的思想政治教育，增强教育工作的实效性。

要有效地增强大学生的思想政治教育实效性，需要我们坚持实效性这一检验标准，并坚定理想信念，加强中国特色社会主义教育，增强他们的民族自信心，提高他们的认同感。实践是检验理论的唯一标准，通过实践的过程和最后的效果对大学生的方法措施、思想观念以及规章制度进行检验，确定是否可行，是否符合客观事实并具有有效性。对于错误的地方要及时进行纠正，对于正确的部分要进行宣传指导。要引导大学生坚定理想信念，积极投身于实践工作学习中，为社会主义建设贡献自己的力量。

增强大学生思想政治教育科学理念的实效性，主要是要坚持"以学生为本"。坚持"以学生为本"，主要是强调大学生在思想政治教育中所占的主体地位，尊重学生的基本权利，促进大学生更快成长，实现其全面发展。同时也要扎实推进大学生的思想政治教育工作，调动大学生的积极性和主动性。要想让学生成为思想政治教育的主体，就要让学生切实学习到思想政治教育的中心思想，更为主动地接受思想教育。在思想政治教育的目标上，要有效提高思想政治教育的针对性、实效性、吸引力和感染力。要加强对大学生的爱国主义思想教育，大学生作为中国特色社会主义事业的可靠接班人，要从国家意识、文化认同和公民人格三个方面提高他们的思想政治素质，注重思想品质教育，培养道德修养，为建设中国特色社会主义而奋斗，进而提出有针对性的"以学生为主"的思想教育。

我国高校需要解决的根本问题在于注重大学生的思想政治教育培养以及如何培养。要做一个德智体美劳全面发展的大学生，就要树立正确的思想观，确立明确的目标，并按照目标作为行为标准。做好大学生的意识形态教育，让他们在实践中认可社会主义意识形态，树立社会主义核心价值观，自觉地投入社会主义建设事业中。思想教育工作需要与时俱进，勇于创新，并在发展变化中不断地拓宽自己的思路，更新理念，增强教育的实效性，使得思想政治教育工作做得更好更优。

2. 加强大学生思想政治教育实效性的策略

学生的思想道德水平与国家、民族的未来息息相关，所以做好大学生思想政治教育，提升大学生的思想道德水平，不仅关乎大学生的个人成长，还关乎民族的未来走向。所以，高校必须加强大学生思想政治教育，用社会主义核心价值观体系加以引导，帮助大学生树立正确的世界观、人生观、价值观，使其成为合格的接班人。为此，高校必须提升思想政治教育的实效性，这是非常重要的。

（1）加强对思想政治教育的认识

高校的任务是培养学生，不仅要提升学生的专业水平，增强其专业技能，还要培养其社会主义核心价值观，提升其思想政治水平，使其顺利地承接社会主义建设之重任，而这则需要思想政治教育来实现。高校的思想政治教育主要通过思想政治教育理论课程的开展来实现，在社会主义环境下，思想政治理论课是高校独有的优势，可以让学生快速掌握马克思主义的相关理论与方法，该课程的学习效果与大学生能否成为合格的接班人、建设者密切相关。所以，高校必须对思想政治理论课在学校教育体系中的地位予以巩固，将其培养合格的建设者和接班人的作用充分发挥出来。而这需要高校思想政治教育课程坚持以社会主义核心价值观为主导。另外，通过对高校思想政治教育工作机制进行创新，可让大学生更深入、全面地理解马克思主义理论与方法，提升其思想政治水平，坚定其社会主义立场，让其成为合格的建设者、接班人，顺利承接中国特色社会主义建设之重任。

（2）提升高校思政教育的创新性

现如今，各行各业都认识到了创新的重要性，都在积极推行创新，高校思想政治教育也不能落后，要积极创新，体现其独有的价值，维护其内在优势。同时，对高校思政教育工作机制进行优化，可使高校思政教育实现更好的发展。我们需要积极探索通过协同创新优化大学生思想政治教育工作机制的有效途径。具体而言有以下两个方面：

一方面，在进行大学生思想政治教育时，需要不断调整和创新教育内容，以适应社会的快速变化和大学生的多元需求。时代在发展，社会在进步，传统的思想政治教育内容可能已经不再契合当代大学生的认知和关注点。因此，我们需要审时度势，灵活应变，结合当今社会的新特点，创新教育内容，使之更具有吸引力和实效性。"与时俱进"是马克思主义的显著特点，它表现为马克思主义的思想与内涵随实践发展不断丰富。所以，在新的社会形势下，坚持马克思主义不仅是对历史经验的继承，更是对当代社会问题的深刻思考。通过将马克思主义与实践相结合，这样马克思主义理论才能更好地贴近社会生活，更好地指导实践，从而更好地解释和应对当前社会面临的问题，为社会的可持续发展提供科学的指导。当然，为了创新育人内容，高校的思想政治教育要积极引入马克思主义与最新的实践活动结合产生的最新的理论成果，用它们来开展思想政治教育，让大学生真正理解、记住马克思主义，并能在日常行动中自觉地遵守马克思主义，让最新的马克思主义思想与内容为大学生思政教育的发展与进步提供有益指导。

另一方面，高校思想政治教育要对育人途径进行创新。在高校的思想政治教育中，不仅思想理论课程发挥着重要作用，大学生社会实践也非常重要。现阶段，在大学生教育培养方面，大学生社会实践是一种不可或缺的重要手段。只有让大学生真正参与到社会实践中来，才能让他们真正参与社会主义现代化建设，使其尽早掌握、感知社会主义先进文化，从而下定决心，坚持社会主义道路，让自己的人生追求与社会主义建设实现完美融合。

另外，借助高速发展的互联网、移动互联网，高校可以创新思想政治教育课程的开展方式与途径。在网络思想政治教育方面，高校必须占据高地，维护大学生的思想健康，塑造积极向上、健康向善的网络氛围。为实现这一目标，高校应当根据社会主义核心价值观，发展自己的网络空间，构建具有社会主义核心价值观特色的网络平台，进而引导学生在虚拟空间中形成正确的价值观念，培养学生良好的思想道德风貌。

（3）提升思想政治教育的吸引力

高校的思想政治教育只有符合实际、贴近生活，才能真正实现与马克思主义思想、观念的融合，才能让学生更深入地了解、掌握马克思主义，对思想政治教育课程产生兴趣，让高校思想政治教育更具吸引力。马克思主义不仅要具备理论层面的说服力，还要在融入大学生思想政治教育课程之后说服、感染学生。马克思主义还要与实际生活，尤其是大学生的现实生活相结合，让大学生全面掌握马克思主义相关理论。马克思主义与我国实际国情相结合催生了中国特色社会主义核心价值观，所以高校的思想政治教育要以该价值观体系为指导，而这亟须增强高校思政教育课程对大学生的吸引力。为此，高校要想方设法创新思政课程的教学方法与手段，实现思政教育课程与社会主义核心价值观的完美融合，以切实提升思想政治教育课程的吸引力，让学生爱上思想政治教育。

（三）根本价值——培养合格建设者与接班人

"大学生强则中国强"，因为大学生承接了未来中国特色社会主义建设的重要使命，所以大学生的专业技能、思想政治水平与将来社会主义建设成果密切相关。

对于社会发展来说，高校加强学生的思想政治教育是一项重大战略。因为良好的思想政治教育不仅可以帮大学生树立正确的"三观"，让他们坚定"为特色社会主义而奋斗"的理想，深入了解、掌握马克思理论与方法，提升自己的综合素质水平与专业技能，实现健康成长，还能让他们为社会主义现代化建设贡献力量，让中华民族伟大复兴的"中国梦"得以实现。各大高校要改进思想政治教育方式、方法，提升教育教学效果与质量，提升大学生的思想政治水平，让他们可以顺利地承接社会主义建设之重任，推动"科教兴国、人才强国"战略全面实施，以人才发展提升我国的国际竞争力，保证我国在国际竞争中占据绝对优势，从而为全面建成小康社会、加快社会主义现代化建设、中国特色社会主义事业持续发展等目标的实现保驾护航。由此可见，高校做好思想政治教育是一项重大战略。

我国的高校教育必须将"德育"放在首位，高度重视思想政治教育与教学。高校的思想政治教育要坚定不移地以社会主义核心价值观为指导，让学生对该价值观体系有着全面而深入的了解，从而树立正确的价值观体系，顺利承接社会主义建设之重任。总而言之，作为社会主义事业的接班人，大学生的思想政治水平不仅关乎个人成长与发展，还关乎整个民族、整个国家的兴衰。

二、高校思政教育工作机制优化的理论依据

（一）学生发展理论

学生发展理论在高等教育领域具有重大的影响力，它是人的发展理论在这一特定背景下的延伸和应用。相较于一般的心理发展理论，学生发展理论更为综合，其涵盖了认知和智力的发展、情感和态度的发展、伦理和道德的发展，以及具体行为的发展。这种广泛的内涵使得学生发展理论成为高校指导学生发展、管理工作的重要理论依据。学生发展理论的研究在20世纪60年代后进入了一个重要的阶段，其研究类型主要可以分为两类：一是关注学生发展内容的学生发展理论；二是关注学生发展过程的学生发展理论。通过深入研究这些理论，高校能够更好地了解学生的成长轨迹，有针对性地开展各种计划和服务方案，为学生提供更有效的支持。这些理论的应用不仅有助于制订个性化的教育方案，还能够促进学生全面的发展。

1. 关注学生发展内容的学生发展理论

美国心理学家爱利克·埃里克森（Erik Erikson）和亚瑟·曲克令（Arthur Chickering）是关注学生发展内容的学生发展理论的代表人物。

埃里克森的人的发展八阶段理论是一种全面而系统的理论框架，深刻揭示了个体在不同生命阶段内的心理发展过程。这一理论凸显了社会文化背景对个体成长的深远影响，强调了自我在人格中的重要作用。他将人的整个发展过程划分为八个关键阶段，每个阶段都具有独特的心理特征和发展任务。人们从出生到成年晚期，会经历信任与怀疑、自主与羞愧、主动与内疚、勤奋与自卑、角色同一与角色混乱、友爱亲密与孤独、繁殖与停滞、完美无憾与悲观绝望这八个阶段。这些阶段不仅是个体心理发展的标志性节点，也是塑造人格的关键时期。埃里克森的人的发展八阶段理论为高校提供了深刻而实用的理论基础，有助于帮助理解和引导学生在不同成长阶段的发展，使学生事务工作更加贴近实际、个性化，促进学生全面成长。

奇克林的学生发展"变量理论"关注大学期间学生面临的核心发展问题，即建立同一性。他指出，建立同一性的过程涉及七个关键变量，分别是发展能力、管理情绪、自我管理、确立同一性、成熟的人际关系、成长目标、自我完善，这七个变量中的每一个变量都在学生的成长中扮演着重要的角色。在高校学生事务管理方面，理解并应用奇克林的"七变量"理论十分重要。高校管理者和辅导员需要认识到这些变量在学生发展中的关键作用，塑造更富有成效的学生事务管理实践，以更好地引导学生实现全面的发展。

2. 关注学生发展过程的学生发展理论

学生发展理论关注个体在发展过程中的认知和心理发展，而在这一领域的代表人物主要包括瑞士心理学家让·皮亚杰（Jean Piaget）、美国心理学家威廉·佩里（William Perry），这两位学者通过深入研究学生的认知和发展过程，为教育领域提供了宝贵的理论支持。

皮亚杰的认知心理学理论为我们理解学生发展提供了一个新的思路，他的理论聚焦于揭示个体认知方式的演变和个体之间的差异，同时，他认为遗传和环境是智力发展中至关重要的因素。特别需要强调的是，皮亚杰认为个体对环境的认知矛盾是推动发展的关键因素。当个体面临认知上的挑战和矛盾时，他们会努力适应和理解这些矛盾，从而促使其认知水平的提高，这种认知冲突的解决过程就是学生发展和成长的驱动力。

美国心理学家柯尔伯格在皮亚杰理论的基础上，从道德两难问题情境的角度出发，形成了个体道德发展的独特框架，即"三个水平"和"六个阶段"。首先，柯尔伯格的"三个水平"将个体的道德发展划分为前习俗水平、习俗水平和后习俗水平。"六个阶段"进一步详细了道德发展的过程，并将其划分为了惩罚服从取向阶段、相对功利取向阶段、寻求认可取向阶段、遵守法规取向阶段、社会契约取向阶段和普遍伦理取向阶段，每个阶段都呈现了不同的道德取向和原则，构成了一个复杂而全面的发展模型。值得注意的是，柯尔伯格认为学生的道德发展更多地依赖于正义、平等原则，相较于个人兴趣，这些普遍的价值观在他的理论中占据主导地位。

（二）自组织理论

1. 自组织的认知

组织在人类社会中的存在最早可以追溯到社会起源时期，其早已是我们生存和发展的重要方式，贯穿了人类社会的方方面面，而且在思想政治教育领域发挥着特殊而关键的作用。组织不仅仅是一种形式的存在，更是推动教育目标实现的不可或缺的力量。

在自组织的演进过程中，"组织"这个词被当作一个动词，强调了其有意识的行为特征。特别是在思想政治教育领域，教育主体和客体能够通过组织共同确定并认同共同的思想政治教育目标。这一过程不仅仅停留在目标的制订上，还延伸到参与一系列与这一目标紧密相关的活动中。借此，这一过程超越了单纯的机械组织形式，成为推动社会发展的有效手段。通过思想政治教育中的有意识组织，学生能够在共同认同的价值观和目标下，形成一种协同作用，为社会的稳定和进步提供坚实的基础。

2. 自组织的主要特征

（1）民间性

自组织作为民间组织的一种，体现出了民间性的特征。随着我国社会民主化程度的不断提高，整个社会格局也发生了相应的变化。原本政治化、行政化、一体化的社会结构逐渐演变为市场化、开放化、多元化的模式，在这一时代背景下，自组织开始凸显其在社会公共事务和日常生活中的地位和作用。这种凸显并非偶然，这是对社会变革和发展的积极回应，意味着自组织在社会中的角色不断凸显，其参与社会公共事务的能力和影响力也逐步加强。作为一个具有广泛代表性的组织形式，自组织成为社会变革和进步的重要推动力量。其民间性质不仅为公民提供了更为广泛的参与平台，同时也为社会的多元发展注入了新的活力。

（2）自发性

自发性特征也是自组织的一大特性，这是由于自组织的形成并不经过政府的审批，而是在成员相互认可的基础上，在共同的兴趣、爱好等内在因素的影响下自觉地聚集在一起，形成的一个具有特定目标和共同价值观的群体。这种自发的组织方式使得成员在其中更具有参与性和归属感。自组织的自发性还体现在人们对自由、个性的追求和表达，与其他社会组织相比，自组织更能够迅速响应个体的需求和变化，更富有创造性和创新性。这种自发性的特征使得自组织成为社会中一个具有活力和适应力的重要组成部分，为社会的多样性和丰富性作出了积极的贡献。

（3）网络化

网络作为自组织的基础性联系手段，在自组织中起到至关重要的作用。在自组织的运行过程中，网络为自组织提供了开放的论坛讨论平台。成员可以通过网络自由地参与讨论、交流观点和分享经验，还可以迅速获取信息、表达观点，从而更好地参与到自组织的各项活动中。这种开放性的讨论方式有助于促进群体内部的沟通与合作，使其形成共识，并使组织更具活力。

其次，网络为自组织提供了功能性服务，方便其进行活动的策划、发布和反馈。通过网络平台，自组织可以高效地组织各类活动，进行活动信息的发布和传播等活动。为成员获取活动详情、参与报名等活动提供了便利。此外，网络还提供了实时反馈的机制，使组织能够及时了解成员的需求和意见，更好地进行调整和改进。

不仅如此，相比传统的组织形式，网络连接不受地域限制，使得自组织能够更广泛地吸引和汇聚成员，为成员提供便捷的沟通途径，同时也为组织提供了高效的管理手段，使得自组织运行更为灵活和便利。

（4）稳定性

自组织属于一种非正式组织，因而在自组织中，成员的参与并不受复杂的人会程序的限制。个体只需表达加入组织的意愿，无需经过繁文缛节的申请过程，就能够迅速融入组织的活动中。这种开放的参与方式为个体提供了更为自由的选择，使得自组织更具包容性和稳定性。

同样，对于组织负责人来说，也不需要采取严格的正式程序来选择和发展成员。在自组织的发展中，组织负责人通常更注重成员的主动参与和共享组织理念的程度，而非过于烦琐的资格审查。这种灵活的管理方式使得组织能够更好地适应变化，有助于激发成员的热情和创造力，促进自组织的可持续发展。

三、高校"三维一体"思政教育机制

（一）优化系统内各要素的内部机制

所谓"教育机制"指教育活动的构成要素及其各要素之间的相互作用，是教育的动态结构。而思想政治教育学引入机制这一概念，从而产生"思想政治教育机制"这一概念。虽然当前的一些著述中都在使用这一概念，但权威性的书籍里很少对这一概念作定义。当前学术界对这一概念的认同基本上是一致的，但有两种不同的表述：（1）思想政治教育机制是指在思想政治教育过程中，因诸要素之间相互联系、相互作用而形成的因果联系和运行方式；（2）思想政治教育机制是指思想政治教育的各组成要素之间既对立又统一的过程，内部诸要素逐渐与教育目标的实效性联系。

综上所述，思想政治教育机制是指思想政治教育过程中由于诸要素的相互制约和相互联系而形成的教育机理和运行方式。而高校"六维一体"思想政治教育机制是指"六维一体"思想政治教育系统中的各个组成部分、各个层面以及各种构成要素为实现教育目标，系统内部各个构成要素相互联系、相互作用、相互协调、相互促进的联结关系和运行方式。其含义主要包括：（1）它是高校思想政治教育过程中"六维"要素的总和；（2）它的功能是"六维"要素功能的整合，其功能的实现依赖于"六维"要素之间的有机衔接、协调配合，依赖于"六维"要素功能的充分发挥；（3）它是按一定组合方式、规律运行发展的过程，它反映着高校思想政治教育过程中由"六维"要素组成的思想政治教育系统的协同功能及其运转规律，是实现高校思想政治教育目标的桥梁和中介。

要素是系统中最基本的成分，当然也是系统存在的基础。系统性质由要素性质决定。系统优化的基础是构成系统内各要素的优化。学生、课堂、课程、学校、家庭和社会都是独立性较强的要素整体，共同形成了高校"六维一体"思想政治教育系统，系统内各要素的优化是建构高校"六维一体"思想政治教育机制的前提和基础。

1. 学生自主教育机制的建立

众所周知，进入21世纪后，在社会主义市场经济条件下，社会充满了选择的果断性和发展的多面性，处于这样的社会环境下，肯定对大学生的素质有着更高的要求。但长期在"以教为中心"的传统理念指导下，大学生受教育过程中"四强四弱"的现象相当严重，具体表现为依赖性强而自主性弱，受暗示性强而自为性弱，受驱使性强而独立性弱，自卑性强而自强性弱。苏联教育家苏霍姆林斯基在《给教师的建议》中说："只有能够激发学生进行自我教育的教育才是真正的教育。"[①] 因此，现代高校思想政治教育必须以大学生为中心，构建有效的学生自主教育机制的长效机制，培养学生的自主意识，增强学生的自我教育能力。

2. 课程相关机制的建立

思想品德的内化过程是大学生思想品德形成发展的内在依据，是大学生主体性发挥的表现。但是，大学生思想品德的形成是客观实在于人的大脑中的反映，而不是大学生主观产生的，更不是大学生头脑里固有的。由此可见，大学生思想品德的形成与发展是不能离开外部环境的。从外部环境的影响来探讨大学生思想品德的形成与发展过程是十分重要的和必要的。

（二）构建"三维一体"思政教育的联动机制

高校大学生思想政治教育是围绕学生思想政治教育目标的达成而展开，而目标的实现是在优化"六维一体"思想政治教育系统内各要素内部机制的基础上，充分发挥系统内各要素的功效，通过以学生为中心的校内思想政治教育系统和以高校为中心的"三维一体"思想政治教育系统协同达成。

高校思想政治教育是一项复杂的铸魂系统工程，高校思想政治教育要想取得最佳效果，不能只靠学校，而应构建社会、学校、家庭有机结合的"三维一体"

---

① [苏]B.A.苏霍姆林斯基.给教师的建议[M].邵鹏洁,译.杭州：浙江教育出版社,2022.

思想政治教育系统，按照思想政治教育目标的要求，协调学校、社会、家庭之间的关系，打破互不联系、彼此独立的局面，通过系统内部各要素的相互渗透、相互配合、相互补充，形成教育合力，发挥整体育人的综合优势。

思想政治教育是人类有目的的活动。高校学生思想政治教育是一种全新的开放式的立体化教育，高校学生的思想政治教育也是这样。高校学生思想政治教育首先是学校的责任，但又不仅仅是学校的责任，还是家庭的责任，还是整个社会的责任。大学生思想政治教育要想取得实效必须使学校、家庭和社会相关成员在思想认知上达成共识，建立起家庭、社会和学校三方面相互联系的教育立体化网络，这样才能使高校思想政治教育工作由平面走向立体和由封闭走向开放。通过建立以社会教育为依托、以家庭教育为基础、充分发挥学校教育的主导作用的共同育人体系，才能形成合力从而为高校学生思想政治教育的发展提供支持。

1. 学校与家庭协同运作

目前，高校学生思想政治教育正在努力探索学校教育和家庭教育互动的具体方法和方式，努力寻找家庭教育和学校教育在理论和实践之中的统一点，从而构建起家庭和学校和谐统一的思想政治教育机制，从而让家庭教育和学校教育统一在一起，构建起学校教育和家庭教育共同发力的机制，实现学校和家庭的和谐互动。这种学校与家庭和谐互动的思想政治教育机制主要有：及时有效的沟通机制、快捷的信息通报与反馈机制、共同教育与管理的协商机制、定期的双向汇报交流机制等。通过高校思想政治教育同大学生家庭教育的和谐互动，引导大学生家长摒弃陈旧保守的教育方法。通过各种形式向大学生家长传授先进、科学的教育方法，用科学进步的教育方式、方法武装家长的大脑，并运用到对大学生的教育过程中去，这样家庭教育才能很好地与高校教育相配合，高校对大学生的思想政治教育才能更好地进行引导，从而有利于大学生克服学习和生活上的困难，有助于大学生思想道德修养方面的提高，促进大学生向着健康的方向发展，这样才可以解决高校思想政治教育与大学生家庭教育各自为政的难题。

2. 社会与家庭协同运作

人的本质并不是单个人所固有的抽象物。在其现实性上，它是一切社会关系的总和。社会的影响对现实生活中的大学生的成人成才具有非常重要的影响。高校学生的思想政治教育工作与社会是相联系的，不能孤立于社会之中，只有在一定的社会条件下，大学生的思想政治道德才能形成并发展起来，大学生思想政治道德的形成与发展是在一定社会条件下形成的，大学生的思想政治道德又通过社会活动和交往表现出来，始终离不开社会和社会实践。所以，高校学生思想政治教育应该从更为积极的层面考虑思想政治教育为社会层面带来的积极和消极影响，家庭应该加强和社会层面的合作，从而构建起一个协同的运作机制，这个机制是家庭教育和社会教育通力合作的结果。这个和谐互动机制包括：行为示范引导机制、信息交流传播机制、家庭美德与社会公德融合机制等具体的机制。通过机制的建立，改善社会与家庭的现状，实现两者的协调配合，形成教育合力。

3. 学校与社会协同运作

校园是社会的缩影，就像一个小社会。学校教育和社会教育是相互联系、相互制约的。社会教育对高校思想政治教育工作具有制约作用，学校教育对社会教育的发展也会产生深刻影响。

一方面，高校要适应社会的发展变化，在高校课堂的内部对大学生开展思想政治理论课程的教学时，应该结合社会实践主题活动的作用，引领大学生不断加深对社会的认识，从而使学生能多快好省地融入社会，加强学生对理论知识的理解和运用，引导他们自觉抵制和消除社会负面影响，并在实践中体会社会的真、善、美，接受社会环境的积极影响，提升自身素养和能力。高校要把行为社会评价体系积极引入学校教育中来，对大学生做有的放矢的教育和引导，通过社会公共伦理规范和评价来规范大学生的言行，促使大学生形成正确的世界观、人生观和价值观，使其成长为符合时代发展需要的人。

另一方面，在社会层面，各主体应该积极承担自己的社会责任，配合高校开展思想政治的教育工作，其中主要有三个方面工作：一是社会要为学校思想政治教育提供物质、经费和信息等方面的支持；二是为学校提供道德教育资源和基地，共同培养学生的思想道德素质，提升思想政治教育的实效性；三是致力于社会氛围的优化净化工作。

四、高校思政教育考核评价机制

大学教学的基础是学科，学科也是大学的存在要素之一。学科评价属于高等教育评价的形式之一，也是对大学中将学科作为基础的人才培养、科学研究和社会服务活动的价值、效果和效率等过程作出综合评价的社会活动。学科范式和共同体形成的重要标志性内容是学科发展动态数据的可收集性和学科评价的潜在可能性，思想政治教育学科得以发展的重要标志是这一学科评价的出现。思想政治教育学科内部正在努力形成一种有利于学科发展的评价标准和机制。

考核评价是指挥棒，有什么样的评价体系，就有什么样的教育指向。灵活的思政教育必然要求灵活的考核评价。做好高校思想政治工作，要因事而化、因时而进、因势而新。

（一）思想政治教育学科发展水平的表征与评价的标准

在过去的几十年，思想政治教育学科获得了巨大的、突出的成果，如今迎来了学科发展的黄金时期，学科的发展状态和发展的水平在多个领域获得了发展，比如思想政治教育学科的社会贡献、学科发展水平、学科发展规模、学科发展策略、学科的发展理念和趋势等。在未来，这些不同的方面还会获得更为深入的发展，思想政治教育学科发展的标准也会出现一些变化。

1.学科发展理念与取向

理念是一种已经在社会层面形成共识的看法，也是人类实践性思维活动的具体结果。理念是一种价值表述，概括性和抽象性的特点较为突出，理念其实也揭示了科学的规律和法则。发展理念在一定程度上体现了现代的科学精神。如果想要做好学科建设的工作，就要构建起学科发展的理念，这一理念包括了对普遍性学科发展理念的采纳和认识，也体现了学科的独特性和专属性发展理念。思想政治学科发展理念是一种抽象的认识，是基于思想政治教育学科的理论事实和未来理想发展而来的。思想政治教育学科理念主要包括了以下几个理念，并在实践中不断深化这一理论的内涵。

（1）内涵式发展理念

这一发展理念是思想政治教育科学发展的基本理念，也是思想政治教育未来发展所必需的基本理念之一。现有的对思想政治教育科学性程度的质疑，也体现出了思想政治教育科学发展的具体程度还有待提升。

（2）服务社会理念

思想政治教育是一门学科，专门服务于治国理政和人们的具体需要，思想政治教育的具体社会功能也体现出了思想政治教育最高的社会服务使命。随着时代情景的不断发展，社会环境也对思想政治教育的实施提出了更为严格的要求，思想政治教育服务社会的内涵正在不断地发展，并以此为基础筹划了学科的未来发展。

（3）学科自主性发展理念

在思想政治教育学科地位的确立过程中，其借助了知识体系分化、知识快速积累、社会情境等完成了这一过程。在思想政治教育学科的未来发展过程中，借助知识生产规律、学科发展规律构建起自觉、自主等发展意识是非常重要的，同时也能够引导学科在未来走向成熟。

（4）开放创新的理念

思想政治教育的开放过程包括了不同的层面。在教育领域中的开放，首先包括了在知识领域向人类知识体系的输入、输出过程，然后包括了学科向国际领域的全面开放。思想政治教育学科应该积极构建起一个有利于国际学术交流和对话的平台，构建起一个以国家文化交流、教育交流、政治交往为基础的对话机制。不同的学科在不同的学科发展阶段和社会情景发展阶段，都会出现不同的创新路径。思想政治教育在如今政治改革不断发展和深化的过程中，也会出现相应的改革与创新趋势。

我们在评价思想政治教育学科的过程中，首先在理念层面应该做好一个学科单位的学科发展历史、规划、行动等安排，从而根据学科发展的基本理念对学科进行评价。

2. 学科发展战略

思想政治教育的学科发展战略包含了三个方面：自身战略、学校战略和国家战略。国家战略包括了国家对思想政治教育在国家哲学社会科学学科位置的具体设计、对思想政治教育学科的重视程度。学校战略主要体现了学校在具体的学科建设过程中，将资金倾斜、学科政策倾斜作为资助的重点工作。学科自身战略是思想政治教育学科根据使命进行的一种策略和决策活动。

在学科评价中，大众对思想政治教育学科战略意识和实践的认可度不足，这也反映出思想政治教育自身的战略意识还有待发展。在新一轮的发展过程中，思想政治教育学科要构建起系统的学科发展战略意识。如思想政治教育的学科发展目标必须是清楚和完善的，并且还要有体系性较强的学科发展宏观战略机制。

思想政治教育学科的发展战略应该包括学科发展思路设想、学科队伍战略规划、学科层次目标等。但是在实际的学科评价之中，我们要对某一单位的战略水平和战略意识作出客观性较强的评价。

3. 学科发展规模

思想政治教育的学科发展规模已经到了一个相当理想的程度，在当前的思想政治教育学科之中，本科专业的开设数量、成果产出、教师队伍、硕博士数量都已经能够和其他人文社科学科相抗衡。从宏观角度看，思想政治教育已经完成了规模扩展的关键任务，现在正在向着内涵建设的关键阶段转变，思想政治教育的发展规模已经到了一个能够和学科跨越式发展相抗衡的关键阶段。现代社会知识的增长和变化也促进了学科概念和学科结构的发展和变化，学科知识更新的速度非常快，学科知识的内容和结构也发生了较大的变化。我们在选择学科规模的识别要素和对学科规模的价值作出判断时，也应该做到与时俱进、及时更新。作为一个普遍的学术评价标准，规模和规模之间存在着认定方式不同和权重大小的差异性。因此，在保持学科生态的过程中，学科规模起到了十分重要的作用，所以为了改变和建构思想政治教育学科生态，需要保证规模的快速变化程度。因为规模十分容易量化，所以在具体的思想政治教育学科评价过程中，学科规模作为一个评价检测点，是最受关注的一个因素，但是在具体的评价过程中，要结合规模的内涵和外延进行评价。在思想政治教育学科的评价过程中，学科的发展规模应该包括研究生培养基地数量、学科实验室设备数量、本硕博学生数量、教师数量等。在不同的规模中，不同因素所占的比重应该是不同的。

4. 学科发展水平

在思想政治教育学科的建设过程之中，发展水平的意识和自觉性都在不断地提升，但是意识的结构还不够完整，比如虽然对学科的批判程度已经较强，但是在学科自信和学科自觉意识等方面还有较大的不足。在学术命题的领域，学科自信自觉的关注度是较高的，但是在现实的层面上还不能够达到这一水平要求。思想政治教育学科的社会影响面较大，但是大众对思想政治教育学科的认可程度不高，并且学科在人文社会科学领域中的独创性研究还有不足。在宏观层面上，思想政治教育学科的学科建设能力还有较大的进步空间。

思想政治教育学科发展和水平研究得以开展的前提是学科发展的内涵的清晰化程度不断明确。有学者认为，学科发展的一级指标涵盖了发展效率、发展能力、发展潜力、发展条件四个方面。这四个不同的方面也体现出了思想政治教育学科发展状态和水平的关键。思想政治教育学科发展的关键就是创新水平的提升，思想政治教育的创新水平包括了两个方面的内容，分别是实践创新和理论创新。理论创新包括了对重大原创性理论创新和对学科基础理论的创新和转化，实践创新包括了指导实践开展的能力和对实践创新的敏感程度等。

我们在衡量学科发展水平的时候，可从以下的几个方面对数据进行监测，包括纵向科研经费数量、课题的质量和层次、学术成果的层次性、是否具有影响范围广泛的学术带头人、学校是否有博士后的流动站、学科点的层次如何、学科的创新程度如何。

5. 学科的社会贡献度

我们在对学科评价标准进行评定的过程中，最为关键的核心是学科贡献。作为一个应用型特征明显的社会科学，对思想政治教育评价的基本价值依据就是这一学科对社会作出的贡献和价值。

为了维持学科的合法性，我们应该重视思想政治教育学科的社会贡献程度，在思想政治教育学科社会贡献之中，最为重要的两个方面是作出高水平的学术创新成果和提供高质量的人才。思想政治教育学科的社会贡献内容包括了支持党的宣传工作、负责大学生的思想品德教育工作，从而为社会治理、社区建设、社会主义文化传播提供相当的智力支持。这些具体的社会贡献体现在了学科产生的文化效益和社会效益等方面。在理论这一层面，学界对思想政治教育学科的价值已经有了大量的验证，尤其是在学理方面，文化价值、社会价值、政治价值都已经达成了一定的共识。学科地位得以巩固的基础是知识的传播和社会应用价值的产生，思想政治教育的学科能够可持续发展的基础条件是这一学科能够创造出知识，所以在评价思想政治教育社会贡献度的过程中，我们需要重视思想政治教育知识的社会价值转化和知识的创造能力。

学科得以发展的重要推动力是社会的实际需求，学科的社会贡献是激发社会具体需要的力量。高水平学科应该积极为经济社会的发展作出自己的贡献。经济社会发展的理论支持是思想政治教育，思想政治教育要能够引领好社会在社会管理和社会教化等方面的过程和趋势。新的时代背景、新观念、新思维、新科技能够推动社会贡献度、学科转型的进程。社会在发展的过程中会对学科的发展作出反馈，在反馈的影响下，学科的发展状况会受到影响，同时这些反馈也会为学科的社会贡献度的提高不断提供引导。在这种情况之下，思想政治教育的学科现象包括了学科预测、学科传播、学科认同、学科跨度、学科迁移等。

构建思想政治教育学科评价的重要基础是构建一个多元化的评价标准，我们对思想政治教育社会贡献度的评价也应该做到这一点。我们需要不断拓展思想政治教育学科的社会贡献认定范围，这种社会贡献的认定应该包括综合社会效益、知识创造、专业人才供给等方面，我们尤其要重视在数字统计、事实描述、案例呈现等方面的评价数据采集。

（二）现行评价的局限

从高等教育评价刚开始产生，就出现了许多质疑的声音，在这一背景下，思想政治教育和其他学科的评价开始发展。从思想政治教育的学科发展来说，其评价的分类数据和评价综合效果并没有受到学界广泛的认同。

1. 评价方法的科学性有待提高

定量评价、定性评价、定量与定性相结合的评价是学科评价目前的三种主导方法。在定量方法中，这一方法的文献计量方式是比较单一的。在目前的思想政治教育学科评价之中，最为重要的问题是学科评价服务对象的意识不够明晰、数据的采集技术还有发展的空间、学科评价的数据采集过程不够客观。在评价方法中，还是过于考虑投入和产出这些物质性的因素，但是对人的因素、历史性的因素和前景性的因素考量还不足。在评价的标准上，过于强调科研产出的数量这一因素，缺少直接的量化分析，而通过质化之后的量化数量还是较少的，此外，我们还缺乏非数量的因素评价。而且，我们对学科评价的技术研究还有很大的进步空间，我们对于思想政治教育的评估和研究，现在只停留在观念的阶段，还没有进入实践性的研究领域，也就是没有开展使用思想政治教育展开实际评估的工作经验。

2. 评价标准不精细

学科整体是学科评价的对象，在评价的过程中，首先应该有较为明晰的学科概念性内容，要明确具体的学科内涵和组成。但是目前的一个问题是，学科评价的主体也不清楚学科的具体内涵。学科规模在学科评价中所占的比重过大，所以在评估思想政治教育学科时，我们应该积极肯定"规模性"的特点，包括科研产出数量、学生数量等，在认定学科的规模时，应该重视对实验室设备、学生数量、教师的评定。

在思想政治教育学科中，最为核心的两个学科评价标准分别是社会价值性标准和学术性标准，这两个标准的概念还不够清晰。这一问题深刻地影响了思想政治教育学科的评价发展。学科其实是一个知识体系，这个概念是学科概念形成过程之中的经典概念内容，学科的知识管理价值是评价的核心与关键。如今我们对思想政治教育学科的评价过程主要是依靠"组织"这一形式开展的，也就是对各个学校的思想政治教育学科进行评价，但是思想政治教育学科的核心评价还有所缺乏。这一问题导致了人们习惯于在学科评价的过程中使用队伍等组织的形态评价，而不熟悉知识形态这一更为独立的评价方法。因为思想政治教育的一些基础性建构工作还未完成，比如知识来源、思想政治教育理论知识基础等，因此在思想政治教育学科的评价过程中，还有许多主流性的评价价值标准还没有被引入，比如学科的国际化发展等。

3. 评价结果的呈现形式单一

在思想政治教育学科评价的过程中，目前在能够适合本学科实际特点的方式上还有所欠缺。思想政治教育的知识形态和学科组织形态都是十分独特的，而且目前人们对思想政治教育学科的关注度和自觉意识还有所欠缺。自 20 世纪 90 年代开始，人们开始使用学科数据的测量方法，使得学科的评价结果也呈现出了更为单一的问题。在我国大学的评价和具体的学科评价之中，都比较重视排名的重要性，在思想政治教育学科评价的过程中，也存在着这一十分明显的问题。在大学的评价成果展示之中，排行榜是主要使用的形式之一，这种形式的缺点就是方式不够多样。另外，目前对学科的整体发展评估方式较多，但缺乏更为精准的评估方式，同时，我们在评价教学、教研、学科发展趋势、学科可利用资源、学科发展目标等方面还有提升的空间。

4.思想政治教育学科评价的预测功能还比较欠缺

学科评价是规划思想政治教育学科发展的重要行动。学科评价的主要目的是认识学科，如果学科评价的科学性不足，那么人们对学科的认识也会出现失真的问题。人们对学科发展前景的预测包括两方面，包括对趋势的预测，也包括对学科发展方向的预测。在当下，思想政治教育学科的外部支持机制还有待发展，思想政治教育学科的发展动力仍然不足，学科评价的服务对象意识目前还不够明晰，思想政治教育学科评价结果对促进思想政治教育学科的发展和完善等方面还存在较大的不足。

评价目的的意识还不够清楚。我国学界对于学科评价指标体系的制定已经形成了较为固定的思维模式，宏观评价关注点也不够全面。在评价结果的使用过程中，占主要地位的是成绩总结，一些效果明显的评价机制还没有形成，比如问题诊断等。学科的评价结果主要是用在专业和学科的排名方面，而对另外一些途径的关注度不够，比如把握指导学科的优先研究领域、诊断学科的发展态势等。在思想政治教育中，除了要具备发展性的评价理念，还应该具备淘汰性评价理念。在思想政治教育的学科评价之中，人们对于学科独特的发展规律和学科的特征意识认识还有所不足。如今，思想政治教育学科在相近的学科和整体学科的竞争力和影响力方面还有不足，所以一些潜在的学科评价功能没有得到充分的体现，也就是说对评价过程中体现的学科外部关系关注度不足。

5.评估主体单一

目前，学界在认证思想政治教育学科的过程中，较多地依赖于行政性的认可。学科评价的一个关键的出发点是为了服务学科化的行政管理，学科评价的主要发起者是行政力量。由于学科的评价过于依附于行政性的力量，使得评估数据的采集过程中也十分依赖行政。这个问题也是如今思想政治教育学科中的关键问题。这个问题影响到了思想政治教育学科利益主体意识的构建，使得学科的服务对象和主体界限模糊。

行政部门出于自身的调控需要，从学科评价出发，得出了全国思想政治教育学科的综合性结论，目前，我国的学科评价状态说明了政府学科职能状态的综合体现。管理部门的具体评价应该是界限明确的，比如评价是为了具体的评价行政效果、作出行政决策，目的是服务重点学科的审批，并做好行政性单位的学位授权工作。归根结底，管理者的评价工作应该是为管理工作的开展而服务的，不应该考虑太多其他无关的因素。而社会性的评价应该将管理部门的差异化指标结合在一起，从而满足公众的总体需要。未来学科评估的大趋势是评价主体的复杂化，思想政治教育学科也是同样的道理，许多学科正在努力获得世界的认可，思想政治教育学科也应该在这个过程中思考这一关键的问题。

（三）对现行评价局限的校正

高等教育治理机制的集中体现是以学科为单元的评估方式。在学科制度的建设过程中，思想政治教育学科评价制度是非常重要的。学科评价的重要实践是重点学科筛选、本科教学评估、学科选拔等，这些都属于"双一流"工程中的实践，这些实践促进了思想政治教育学科的评价发展。截至目前，学科评价的基本框架已经形成了，但是学界对评价模式的探索程度还不深入，我国国内的评价者和被评价者现在对学科评价的原则和机制认识也都还不够深入。

1.构建科学的学科发展评价的基本原则

在制定学科评价的原则时，应该参考大学评级的基本原则。也就是说不仅要有总的评价原则要求，也应该在众多方面设立分开的原则。

（1）科学性原则

科学性原则主要包括了动态性原则、质化与量化相结合原则、历史积累与学术前景相结合原则、社会评价与专家评价相结合原则等指标体系的原则。不同学科在学术成果、研究范式、知识属性、评价对象、内容、目的、内涵等方面存在较大的差异。我们在评价学科时，应该着重注意学科内涵的量化问题。思想政治教育学科工作得以开展的重要前提是抓住思想政治教育学科的本质内涵。在进行学科评价时，思想政治教育学科的积累、现状和发展的潜质都是非常重要的衡量内容。思想政治教育学科评价的基础是学科数据的生成，但是数据的收集过程需要学科评价技术和理念的共同发展。

（2）主体性原则

这一原则强调的是主体意识应该是清晰的、明确的，不同类型的评价主体应该探索和自身目的相匹配的思想政治教育学科评价指标体系、方案设计、方法等。学科评价的外部条件比如数据库、通信、网络等对学科评价产生了较大的影响，但是学科评价的开展必须是基于具体的实际需求上的。评价主体多元化是未来包括思想政治教育学评价在内的学科评价以及大学评价的重要趋势。

（3）方向性原则

学科评价的一个关键作用是为学科的未来发展提供相应的实际依据。学科发展的重要自觉意识是由学科的发展战略意识组成的，战略的制定也促进了学科的发展与团队的组建。学科评价有利于战略规划发展、生成战略的意识。学科评价应该为学科的发展而服务，但是目前思想政治教育学科评价发展的导向性还不够明晰，这种评价导向需要不断地向前发展，才能够实现质变。

（4）可行性原则

思想政治教育学科评价必须在实际的操作中得到验证。在人类文明史上，学科是一个独特性较强的产物，学科的特性较多，这些特性致使我们不能够对学科开展完全客观的评价和分析。可行性原则虽然主导着评价，但是不能够完全依照可行性原则的内容进行评价。

（5）激励性原则

思想政治教育学科评价的重要价值诉求是对思想政治教育学科发展的激励。在思想政治教育学科的评价之中，学科动力机制起到了关键的作用。目前，思想政治教育学科的内在发展动力不足，思想政治教育学科评价还不能够对内生动力产生较强的刺激。为了更好地了解和掌握思想政治教育学科的本质、内涵和质量，思想政治教育学科评价应运而生。思想政治教育学科评价的重要诉求应该是引导学科内涵和评估学科的结果。

（6）过程性原则

这一原则就是在对学科进行评价的过程中，不仅要考虑学科发展的重要结果，还应该重视学科的发展过程。在思想政治教育学科中，学科评价应该是基于过去的绩效进行评价还是应该面向未来的诊断和规划，目前我们是不清楚的。但是我们在对学科作出评价时，应该考虑到学科发展的长远性，从而判断出学科的实际发展状况。

2. 优化学科发展评价的运行机制

在现代学科领域中，学科发展评价是一个十分重要的实践命题。思想政治教育学科应该加快形成并不断完善学科评价的具体规范模式。

第一，在制定学科的评价指标时，应该考虑到思想政治教育的具体内涵。在学科的发展过程中，规律性是较为明显的一个特征，因此思想政治教育学科发展评价的作用应该是揭示出思想政治教育学科发展的独特规律。我们在考虑学科评价的要素时，应该将学科管理、学科组织、学科动力、学科战略、学科周期、学科特征、学科形态等因素综合起来考虑。

我们为了了解学科的具体内容，研究出了学科评价。不同学科发展的阶段和成熟程度都是不同的，在对学科进行评估的过程中，应该对学科的权重设计和评价指标作出改变。思想政治教育学科发展评价设计的基本要求是反映出思想政治教育学科的全部事实内容，并从这种事实出发，对学科的发展情况作出相应的判断。广东管理科学研究院推出的学科排行榜、部分学校课题组以课题研究形式推出的非连续性的学科排行榜、学位与研究生教育发展中心的学科评价都是思想政治教育学科评价的重要参照物。学科的具体内涵不仅着重体现在可以量化的教学与科研成果上，还能够体现在学科具体的使命意识和对社会的贡献程度上面。学科除了具有有形的特征，还具有无形的特征，我们在保持学科的规模优势过程中，还应该在内涵的发展阶段破除对这一规模的依赖性。

所以，我们在评价指标要素时，应该注重科学化的重要性。学科评价得以建立的重要基础是学科的自觉性，评价意见是现代高等教育发展和学科发展过程中的重要现象之一。有学者提出应该建立起思想政治教育学科体系，这一体系的建立促进了思想政治教育学科建设的过程开展，思想政治教育学科在这一方面还有待探索和研究。总结学科发展规律的重要基础和重要方式时，我们应该做好思想政治教育学科的评价工作，这是因为这一评价工作对思想政治教育学科的发展会产生较大的影响。此外，在设计指标的过程中，我们还应该重视要素赋值问题的作用。

第二，我们应该重视思想政治教育学科的多元化作用。思想政治教育学科得以形成的关键是对学科现状的评价。思想政治教育学科发展评价最为重要的是要重视思想政治教育学科的发展规律内容，从而推动思想政治教育学科的发展和建设。在思想政治教育学科当前的发展评价中，我们应该主动遵循学科的发展规律，发挥评价的作用促进学科的发展和建设进程。在思想政治教育学科中，人才培养的取向实际上也是不同的。我们可以将主体分为两类，分别是不同学校中的思想政治理论教师和社会层面的思想政治教育者等。从思想政治理论课教师的层面来说，可以分为两个具体的取向，分别是中小学培养德育的师资和高等院校培养思想政治理论课的师资，这两种培养目标之间的差距是非常大的，所以，不同院校在这一方面的侧重点也是不同的，比如中小学对德育师资的培养更为重视本科专业的建设内容，高等院校培养思想政治理论课的师资在培养过程中更为重视对研究生的教育和对科学的研究。所以在设计这些指标的过程中，我们应该兼顾这些实际存在的差异。

第三，在学科评价的过程中，学科环境评价也起到了非常重要的作用。学科的环境包括了对学校内部微观环境的支持，也包括了学科发展条件的稳定程度等。思想政治教育作为一个发展十分快速的学科，其在学术界的地位还有待巩固，为了实现学科的跨越式发展，应该不断巩固学术层面的实际地位。学科环境评价是对传统学科评价内容的重要发展和补充，传统的学科评价更为侧重于成果和资源的内容。在对思想政治教育学科作出评价的时候，要将这一发展评价和二级学科评价结合在一起。在学科评价的发展过程中，学科群评价已经脱颖而出，成为一种新的学科评价方式，因此，思想政治教育应该构建起一个学科群的意识，并在其他过程中规划学科的发展，比如学科研究、学科建设等。为了反映出思想政治教育学科的学科评价行为内容，应该做好一级学科的评估工作。学科发展过程中的积极反应包括了学科与学科之间的带动和辐射作用，因此学科评价的目的是解决学科单元的大小问题，如果单元的划分不够合理，可能会对学科评估的科学程度产生较大的影响。在对思想政治教育学科进行评价时必须参考马克思主义理论一级学科评价和马克思主义基本原理等二级学科评价的内容。

第四，在对思想政治教育学科发展状况作出评价的过程中，我们应该积极处理学科考核和学科评价之间的关系，这是因为指向考核的评价与指向发展的评价两者之间的差距是较大的。评价的一个关键问题是学科资源的配置情况和学科资源中存在的效益问题。这个问题关注的是学科的质量成绩、数量成绩和学科的速度和效益之间存在的联系。我们在对高校开展考核的过程中，应该做好学科评价的考评工作，在这个评价的过程中，我们应该积极关注绩效的主体状况、各个主体对绩效的理解状况。工作的主要内容应该包括：信息统计口径、确定学科的检测点、做好学科的发展和统计工作。

第五，促进思想政治教育学科评价机制的国际化发展。几十年来，我国的思想政治教育学科水平得到了较大程度的提升，但是学科发展在参照系方面还有着很大的欠缺。因此，在学术研究方面，我们会将思想政治教育作为一个我国的特色学科，而且国外的思想政治教育研究范式、学科化状态和我国的学科发展状况有很大的差异，所以我国的思想政治教育和我国其他的学科相比，学科发展的理想还不够明确，也没有建立起明确的参照系。

五、高校思想政治课程教学激励约束机制

为了让大学生在接受高校思想政治教育的过程中产生对教育教学目标工作的动力，激励这一管理活动也就应运而生了；高校思想政治教育为了防止大学生出现偏离教学目标，损害自己利益的问题，对大学生的行为提出了一定的约束条件。所以，教育者应该在开展高校思想政治教育的过程之中，积极探索出新的、更为合理的激励与约束机制，并且积极推动这一激励机制向着更为个性、规范的方向发展。

（一）建立健全高校思想政治教育工作者激励与约束机制

在一般情况下，我们会将过去的定量和定性评估结果作为制定激励和约束机制的基础和前提，考核机构在运行具体的考核程序之前，应该积极结合过去的考核形式、考核范围和考核的标准。激励和约束机制应该坚持激励和约束相结合的原则，并坚持正面的激励，努力实现赏罚分明、奖惩得当的目标。

1. 为建立与完善高校思政教育创造条件

在实施激励与约束这一机制时，需要重视思想政治教育工作的现实需要，也就是我们所说的"以人为本"的理念。我们在考量激励和约束机制时，需要将思想政治教育者的真实需要考虑进去，所以，高校思想政治教育工作决策者首先应该使用不同的手段和方式开展调查活动，从不同层面研究职工的真实需要。在实施激励与约束机制时，不仅需要考虑到物质层面的需要，还应该从更为长远的角度考虑，我们应该积极考虑激励和约束对高校思想政治教育工作者成就感的影响，尤其是应该为教育工作者提供精神层面的支持。

我们应该建立起准确、全面和及时的高校思想政治教育的良性沟通机制。首

先应该做好激励与约束机制的公布和宣传工作，宣传的内容包括规范制度、理念、设计思路，在这一前提中，我们还应该考虑到高校思想政治教育工作者是否认同激励和约束机制的内容，并积极反馈收集到的具体信息内容。另外，我们应该做好指导、培训和学习的工作，并明确机制的运行方式，并对员工的知识、技能、态度进行考察，看员工能否适应机制的运行过程。

在制定机制的过程中应该坚持合理性的原则，从而让机制更能够满足参与者的需要。合理性的含义就是机制的具体措施应该是适度的，奖励和处罚是公平合理的。只有做到以上的两点要求，激励和约束机制才能够真正发挥正面导向的作用。教育者不仅要学会如何奖惩，还应该知道如何安排好奖惩的程度、形式、场合、时机等因素。在奖惩的帮助下，高校思想政治教育工作人员和学生们都应该知道具体的做法，知道怎样做合适，因此在实际的工作中应该发挥出奖惩的关键作用，从而提升激励和约束机制的号召力、影响力和说服力。

2. 以"全员育人"为理念制定和推行

只有重视全体思想政治教育工作队伍的关键作用，并将这一总体设计落实在"全员育人"的环境中，激励与约束机制的总体设计才能够得到充分的落实。在开展工作之前，我们应该将全校的发展和改革点作为根本的出发点，并建立起相应的匹配机制。在构建思想政治教育约束机制的时候，我们既能够对政策作出一定的约束，包括设岗要求、评聘要求、引进标准、职责约束（如岗位意识、聘任合同、岗位要求等），还可以使用舆论进行约束（如考核公示等）。为了规范高校思想政治教育工作体系，我们应该积极完善绩效考核的分配机制，确保高校思想政治教育工作者能履行相应职责。

3. 在思想政治教育系统内部全面实施

思想政治教育系统包含了诸多方面，有工作效果、干部日常管理、学生服务工作、学生事务管理、课堂教学考核等方面，学校的高校思想政治教育委员会应该积极促进不同机构和部门对激励与约束机制的构建。我们应该积极规范对高校思想政治教育工作内容的日常管理，从而促使高校思想政治教育工作者能够履行职责，实现高校思想政治教育工作服务、管理和教育水平的实质提升。为了巩固好高校思想政治教育工作的成效，建立一个完善的系统内部激励和约束机制是势在必行的，这一机制能够有效地提升工作的成效，并激发高校思想政治教育工作不同部门和工作者的创新能力。各个学校在完善这一教育制度的过程中应该充分发挥出奖惩机制的约束和引导作用，并结合院系的实际工作成效将奖惩制度和思想政治教育管理结合在一起。考核的激励奖惩应该与学生班干部、骨干队伍以及专兼职高校思想政治教育工作者的日常工作结合在一起，尤其是要关心专兼职学生干部的未来发展状况，促进激励和约束机制在思想政治教育工作中的实现。

（二）不断完善以大学生为主要对象的激励与约束机制

1.建立健全自上而下的多种激励机制

从宏观角度观察，高校中的思想政治教育激励手段主要包括授予称号、宣讲宣传、资金奖励、通报奖励等，但这类激励方式仍然缺乏一定的创新性。思想政治教育的激励机制应该更为完善，不仅要考虑到教师与学生、学生与学生之间的互帮互助、互相学习，还需要在其他方面进行有效的激励。因此，为了更好地满足学生的实际需要，高校思想政治教育激励体制必须积极调整工作的途径和方法。

首先，我们需要在考虑高校思想政治工作的开展过程中，将工作和社会的实际需要结合在一起，确立一个正向的发展目标。高校思想政治教育的核心目标是解决一定时期内学生的实际状况和社会现实之间的矛盾问题。因此，我们应该在制定高校思想政治教育的激励策略和目标时，结合学生的身心健康和社会的整体发展需要，将人的全面自由发展作为高校思想政治教育激励机制建设的出发点和落脚点。个体的全方位成长与社会总体目标的达成之间并不是矛盾的关系，只有将这两者有效地结合在一起，激励机制的高效率运行才能够得到保证。激励机制的核心思想在于，不仅要激发起个人在工作上的自觉性和积极性，也要确保个人的成长和社会的发展是同频的。目标的合理设定是实现激励机制有效性的基础，只有通过科学有效的制度安排才能确保激励机制的顺利实施。设定目标时，我们必须实事求是，立足于实际需求，既要权衡各个教育主体的权益，也要思考短期与长期发展之间的相应关系。当我们确定激励的方向时，应该积极结合具有时代精神内涵的激励手段和方法，这样在激励机制的实施过程中，就一定能够达成认识层面的共识，并获得受教育者和教育人员的广泛认可。

其次，我们需要不断地强化激励的方法、激励的强度，以搭建出一个全面的高校政治激励机制，从而全方位地激发受教育者的积极性。为了确保激励机制能够取得预期的良好效果，我们必须灵活地选择能够和激励目标、激励对象一致的激励手段。在进行思想政治教育工作时应该遵循"以人为本"的原则，把受教育者作为主体，充分满足其多方面的需求。美国著名社会心理学家马斯洛的"需求层次理论"提出了这样的观点，人类的需求可以被划分为五个层次：生理需求、安全需求、社交需求、尊重需求和自我实现需求，这五个层次按照由低到高的层次进行排序。因此，考虑到人们的物质和精神需求这两大核心需求，我们可以使用两种关键的激励手段——精神激励和物质激励。从实际操作过程中我们可以看到，物质性的激励方式对大部分人都是非常适用的，所以对于短期的目标，物质性的激励机制是非常重要的一个机制类型。

尽管人们的物质需求更为直接和基础，并能激发大多数人的学习主动性，但在激励机制中，人的精神也起到了支持的关键作用。这是因为精神性激励与人的价值信仰以及思想观念都有很大的关系，并能对人产生更为深远的影响。同时，精神激励又是一种比较间接、有效的方法，它能起到"润物细无声"的作用。因此，我们应当采纳以精神激励作为核心、物质激励作为补充的策略。需要注意的是，无论是精神还是物质的激励，都应该综合起来考虑，而不是忽略任何一个方面的激励作用。在选择激励方法和标准时，合理与否不仅要关注其质量和数量的具体情况，还需要恰当地控制激励的力度。过分的激励或激励的力度不足都很难起到激励的效果，甚至会产生相反的效果，可能会削弱学习者和教育者双方的教育积极性。

最后，为了达到激励的效果，应该努力协调主体和客体之间的关系，将外界的压力和动力积极转化为个体的行为和思想内涵。在激励机制中，关键是要妥善平衡激励的主体与被激励者之间的关系，以确保激励能够达到内化与外化的效果，并最终实现预期中的外化活动。激励是否能达到理想中的效果，不仅与激励主体自身使用的激励方法有较大的关系，还需要确保激励过程能够与客体达到良好的配合才能取得效果。只有当激励机制与被激励者之间形成了良好的协作关系时，激励作用才能够最大程度发挥出来。当人们对激励的标准和方式等因素表示出了认可，他们会在潜意识中认可激励机制，并开始靠近与模仿激励目标中的标准和内容。如果人们不认可激励标准、方式、强度等，则可能产生逆向选择或道德风险问题，导致激励机制失效，这意味着激励机制促使人们逐渐将外部的目标和标准转变为自身认可的标准内容。这一激励机制的过程也促使了个体目标和社会目标之间实现协调的关系，同时也降低了运行过程中可能遇到的各种障碍，从而使得激励机制能够实现想象中的效果。

2. 实现自律与他律有效互补的约束机制

为了进一步构建并完善高校的思想政治教育约束机制，我们需要从外部约束和内部约束两个方面作出相应的调整。外部的约束可以进一步划分为两大类，分别是倡导性约束和强制性约束。其中，倡导性约束主要强调应当采取的行动和方法，引导性和期待性的特点较为突出；强制性约束强调的是必须做的内容和不能够做的事情。在高校思想政治教育工作刚开始的时期，特别强调的是强制性约束的内容，以便让大学生能够更好地了解什么事情是该做的，什么是不该做的。后来则需要强调外部性的约束，使其作为大学生评判是否该做工作的重要标准，从而将这一标准内化于学生的内心。高校思想政治教育工作委员会有责任制定系统化的大学生道德行为标准，以便为大学生的具体行动提供一定的标准和参考。此外，该委员会还需要建立和完善针对大学生思想和行为的监管机制，并采用多样化的手段和方法来有效地约束大学生在思想和行为方面可能出现的偏差。此外，还应建立健全对大学生的管理和监督方式，以确保大学生的道德行为能够得到良好的引导和控制。在学校党委的安排和组织下，所有职能部门都应与不同院系的学生管理部门开展积极的合作，检查学生的思想道德和具体日常行为是否合理。一旦发现问题，应立即进行纠正，并实施多种类型的整改工作，包括处罚、批评和教育等。综合来看，高校应该结合监督和规范的工作，建立并不断完善外部的约束机制，确保高校的思想政治教育从过去的"他律"转换为"自律"。

基于外界的约束要求，大学生形成了对自己的内在约束，正是外部约束的工作要求，让学生产生了强烈的责任意识和道德意识。这种内在约束力可以促进大学生自觉地按照社会规定的要求进行活动。现在的大多数大学生都是家中的独生子女，虽然也有一部分的学生是非独生子女，但是根据实际情况来看，存在"自我中心"问题的学生基本上都是独生子女。独生子女自从一出生，便得到了家庭的悉心照料。因此，要想解决"自我中心"这一问题，要想有效地将外部的约束转化为内部的约束，就需要在日常的教育中投入更多。在大学生的日常管理、教育过程之中，我们应当强调民主性、公平性和规范性等特点，确保学生真切地体验到制度的积极作用。为了让大学生真正感受到外部约束的作用，首先需要开展思想政治教育工作。只要每个人都能够循规蹈矩，那么制度的强制性要求就能够和学生的内在统一起来。我们鼓励"不因恶小而为之，不因善小而不为"的原则，旨在培养大学生从自身的发展角度出发，培养从点滴小事做起的良好习惯，并通过建立完善的约束机制来规范学生的行为，从而塑造一个文明、良好的校园环境和行为规范。

所有大学生都不能够在短时间内树立良好的思想道德理念和培养良好的行为习惯，这是因为它既受到主观意识的影响，也受到非主观因素的制约，是在各种约束作用下得以形成的。与中小学生相比，大学生接受的各种约束要求更为繁多，所以教育者在多种类型的场合中，要灵活地使用不同类型的约束手段教育。因此，在约束过程中要做到有的放矢，不只是要展开批评和惩罚，还要给予他们鼓励和指导。仅当这样做时，学生才能从更为深层的层面理解约束机制，这也间接地降低了约束机制运行过程中出现的各种可能性障碍。因此，约束机制运行的最高目标就是将内部和外部的约束综合在一起，这样可以让大学生在众多类型的约束中实现精神上的提升，实现对个人行为的规范化。

六、高校互联网思政教育情理互动机制

互联网的信息资源是十分多样的，但现阶段的学生在网上获取这些信息时，容易受到一些负面信息的影响，他们的信息筛选技能还有待提升，因此，在互联网环境中开展思想政治教育始终是一个紧迫的议题。情理互动机制十分关注学生的主体意识发展，确保思政教育者和学生都能够在一个平等的环境中交流，这有助于营造一个良好的学习环境。

目前，许多学校的教育资源都是有序的，并且还搭配了更为智能的信息设备

与平台，这为通过互联网进行思想政治教育提供了完备的基础设施。对于部分高校而言，不同的平台和设施区别很大，高校可依托互联网搭建起沟通的渠道。学校应根据自身的教育资源现状，从实际情况出发来构建相应的互动机制，从而实现互动机制的有效使用。绝大多数的学校都已经在互联网平台上开设了相应的网站，学生在这些平台上的活跃度都很高，因此，高校应该积极利用这些平台进行思想政治教育。

（一）善用平台开展情理互动

随着时间的推移，网络平台的应用也在不断地升级，微信、腾讯 QQ、微博都是学生们习惯使用的平台。因此，思政教育也应该随着网络的发展而发展。为了真正利用起来情理互动机制的功能，我们必须结合这些网络平台进行教育，师生间通过网络平台进行沟通交流可以使双方在观点上更容易达成一致。目前，学生在各个学习阶段都面临着很大的压力，而网络平台能够帮助他们充分地表达内心的情感。

出于这个原因，思政教育可以将官方微博、公众号充分利用起来，为学生提供留言和评论的机会，促进学生与教育者的情感联系。通过这种方式，教师和学生能够进行充分交流，分享各自的建议和看法，从而对学生产生深远的影响。另外，情理互动机制不是短时间内就能搭建起来的，它应当随着网络平台的发展而作出一定的调整，并始终与平台保持同步。

在网络思政教育开展的过程中，情理互动的方式和手段是多样的。在具体实践中可以采取"以情育人""以理服人"等方法进行互动。随着网络平台的持续更新，可以选择学生们最喜爱的平台开展情理互动。

（二）挖掘热点话题作为素材

思政教育的材料选择也是非常关键的一个因素，不是只有像社会大事这样的素材才能充分起到教育的作用。我们可以选择一些和学生生活紧密联系的内容，比如社会热点话题、学生感兴趣的话题等。所有与学生密切相关的议题都能够在网络中展开交流，但思政教育工作者们也应该做好审查的工作，确保素材的体系化，从而为学生提供有益的教育。

通过在官方微博和官方公众号上发布网络上的热门话题，可以有效地激发学生的参与热情，并鼓励他们分享自己的观点。从事思政教育的专业教育者有能力及时了解学生的思想趋势，因此对于那些价值观存在偏差或出现了扭曲的学生，教育工作者应该作出积极的指导。采用类似的交流模式，不仅能促进师生之间进行积极的沟通，还能营造出一个积极的互动环境。在这种环境下，学生有权表达自己的观点，同时教师也能有效地指导讨论的氛围情况，从而真正提升思政教育的成效。

（三）优化思政情理互动机制载体

在过去的思政教育模式里，学生通常是从结果出发开始推理的活动，这种做法往往会限制他们的思维能力。在当前的互联网环境背景下，思想意识变得更为多样，这使得思政教育工作者意识到，思政教育不是一种拒绝开放的模式，也不是一种需要死记硬背的方法。因此，我们应该使用一种灵活开放的教育模式，这样才能提升思政教育的质量和效率。思政教育中的情理互动机制的平台不仅限于互联网，另外还存在着多种类型的互动平台。目前，众多学校已经推出了在线专栏节目，为思政教育开辟了新的路径方法。除了上述内容，我们还可以从现在已有的栏目中获得一定的经验，建立新的节目平台，例如网络评选、网络校园文化节和网络时政事件收集箱等，这些平台都能够发挥出思政教育的作用，确保教师和学生在互动中形成良好的关系，从而为学生的培养发挥了积极的作用。

（四）引导学生积极参与互动

思政教育在每个阶段的教育中都起到了积极的作用，它的终极目标是帮助学生确立正确的思维和价值观。如何有效开展思政教育工作成为新时期教育工作者关注的重点问题之一。我们应当重视对学生网络素质的提升，具体的措施包括在网络中的举动，对信息的判断和辨认。借助情理互动方式开展思想政治教育具有一定优势，可以有效地激发学生学习兴趣，调动学生主观能动性，促进大学生综合素质的全面发展。在当前的互联网环境中，结合网络中的热门话题，深入挖掘学生的兴趣点，从而真正点燃他们的互动热情。只有这样，思政教育的情理互动机制才是具有实效的，并能够促进思政教育工作的开展。

第二节 高校思政教育的维度体系

一、思政教育理念维度

（一）"以学生为本"的思政教育理念

思想政治教育的核心任务是对人进行教育、说服和塑造。思想政治教育的核心使命是关心人的个体完善、深入理解人的存在价值、塑造人的精神核心，并进一步推动人在各个层面的发展状况。因此，思想政治教育的真正价值和最终目标应当是人本主义。

新媒体时代，高校思想政治教育受到诸多因素的影响，使得思想政治教育工作者的权威受到影响，受教育者的主体意识增强，因此，高校思想政治教育应该转变思想，树立"以学生为本"的教育理念。即一切教学活动都应该从学生本身的发展出发，从学生的现实需要出发。通过新媒体及时了解学生的思想动态、生活难题、情感状况、就业需求等现实问题，给予学生必要的帮助，体现出思想政治教育一切为了学生的理念。

另外，在新媒体教育中，要充分尊重大学生的主体地位，关注学生的个体需要，尊重学生的差异，有针对性地开展思想政治教育。目标是让学生不再觉得自己是一个十分被动的管理者，不再让学生产生一些内在的消极情绪，而是认识到自己应该是课堂中的一份子，拥有充分的主动权，享受学习知识的快乐，将被动变为主动，自觉接受思想政治教育，提高自我教育。

（二）平等交互的思政教育理念

新媒体技术的逐步推进，使得思想政治教育工作者的权威地位有所弱化，传统思想政治教育"老师讲、学生听"的单向式灌输方式已经不能适应时代的需求，同时教育者与受教育者地位的不平等也受到了相应的质疑与挑战。

新媒体带来的丰富的信息为大学生获得信息提供了极大的便利，大学生自发自觉地在网络上寻求自己感兴趣的文化知识，随时浏览各类国际国内重大新闻，密切关注身边的热点事件和突发事件，紧跟各种舆论走向，探求各种奇闻轶事……对各类信息进行选择、归纳、分析、学习，从而对世界的认识更宽广、更深入。而思想政治教育者却存在新媒体技术意识淡薄、网络技术水平差、缺乏接受新鲜事物的敏锐性、固守成规等不足之处，获取信息的数量有可能不及大学生来得广泛，获取信息的速度不及大学生来得及时，这样就使得教育者处于获取信息和使用信息的劣势地位，思想政治教育者对受教育者之间的教学信息优势被打破了，教育者的权威性被大打折扣。

另外，新媒体时代，大学生的民主意识和主体意识不断增强，他们渴望知识，但是也渴望平等。因此在传统思想政治教育过程中，那些思想活跃又充满个性的学生会对思想政治教育产生厌烦和抵触心理，未能达成思想政治教育的预期效果和目标。这些都对思想政治教育工作者提出了新要求，即要树立平等互动的教育理念，尊重学生的个性，真正做到与学生平等交流，增进师生感情，潜移默化中引导学生，促进思想政治教育更好地开展。

（三）"时、效、度"合一的思政教育理念

宣传思想工作要把握好"时、效、度"要求。"时"就是要求思想政治教育要把握"最佳时机"，根据大学生的实际情况，可以引导大学生舆论方向，后续再深入报道。"效"追求的是"最大效益"，通过报道时间、方式的配合，产生更大的正能量，按照既定目标来引导舆论。"度"就是报道要追求"最佳分寸"，根据事态发展的情况来评估结果，可以对大学生思想教育进行选择性报道，可以选择全面报道，也可以选择局部报道；可以选择淡化报道，也可以选择强化报道等。"时、效、度"是对思想政治教育者所要求的，只有掌握好三者的辩证统一，把握好时机和分寸，才能使思想政治教育达到最大效益。由于新媒体时代的传播不同于传统纸媒体，因此网络报道要做到精确无误。

（四）全球化的思政教育理念

全球化使我们认识到了各个国家不同的观点和行为方式，给我们的思想观念带来了较大的影响，全球化理念对思想政治教育有着极其重要的影响和意义。新媒体时代，对于大学生思想政治教育要加强对新媒体这一传播工具的认识，积极地对教育观念进行更新，使新媒体融入教育过程中，改变传统意义上的教育模式，使大学生思想政治教育朝着良性方向发展，形成一种全新的教育模式。

二、思政教育目标维度

依据社会主义建设发展的需求开展思想政治教育，通过思想政治教育活动将大学生培养成社会所需要的高级人才。把"立德树人"作为教育的根本任务，培养德智体美全面发展的社会主义建设者和接班人。接班人象征着一个时代对整体劳动力的统一的基本要求。要求大学生作为祖国的未来建设者，在社会主义建设中和革命旅程中要做有勇有谋、见识卓远的优秀接班人和开拓者。

（一）培养德智体美劳全面发展的人才

院校思想政治教育的外在内涵主要以德智体美劳全面发展呈现。通过全方位、无缝隙的教育体系，培育学生德智体美全面发展，从而提高高校思想政治教育能力。

1. 德

德是指品德，品德是大学生思想政治教育的核心构成部分，不仅是对大学生，也是对每个个体成为"人类"基本的要求。只不过对大学生而言，其接受的教育资源更丰富，那么关于品德的要求也就会更高。而良好的品德不仅是提升个人魅力的重要内容，也是大学生实现全面发展的依据，同时更是推动大学生全面发展的动力和能源。德主要表现在以下几方面：

（1）在思想政治方面，培养大学生的民族意识、爱国精神、民族自尊心和自信心。将国家的兴衰与民族的荣誉作为己任，培养大学生"天下兴亡，匹夫有责"的爱国精神。严格要求自己，时刻谨记为人民服务的思想；培养大学生热爱中国共产党，坚决维护党的领导、走党的基本路线，把社会的建设、国家的发展视为己任，为实现"中国梦"而不懈努力，并且树立正确的世界观、人生观和价值观，了解国家的基本国情，正确认识国家的历史发展、人类的历史发展。做到知法、懂法、守法，正确行使法律所赋予的权利，自觉履行法律规定的义务，做遵纪守法的公民。

（2）在道德品质和文明习惯方面，培养大学生的社交能力、与人交往能力和团队协作精神，使大学生认识到个人与社会、国家、民族之间的关系，以社会主义建设为己任，提高自身的素质与能力。培养大学生的良好道德品质和文明习惯，增强大学生吃苦耐劳的精神和责任感，以舍己为人、诚实守信、助人为乐、尊老爱幼、拾金不昧、谦虚明理的道德品质来要求自己、监督他人。自觉遵守学校的规章制度，维护校园的安全和秩序。

（3）个性品质和能力方面。在个性品质方面，要提高大学生的素质教育、创新创业意识及精神，培养大学生坚强的意志力和面对困难挫折时坚忍不拔的心理调节能力。在能力方面，培养大学生的自我教育能力与分辨是非的能力，提高大学生的专业技能。提高大学生的创新能力，以适应社会的发展与进步。各个高校应培养大学生的团队协作能力与意识，以便其能够更好地适应社会。对于大学生自己而言，应培养自身良好积极的情感和健康的兴趣爱好，提升自身素质。

2. 智

智是指才智、智力，才智和智力是大学生全面发展的基本组成部分，是教育者向大学生传授文化科学知识和技能的实际本领，也是大学生接受并理解教育者所传授的实际本领。教育者在引导大学生有目的、有计划、有组织地学习知识技能时所运用的方法就是智的体现。智力是大学生具备专业技能、素质教育的基础。智力具体体现在以下几个方面：

（1）智力往往是学生们能轻松便利地掌握知识框架的实际本领，使大学生不仅有精深的专业知识，还有宽广的知识体系。全面且有前瞻性的智力，对将来事业顺利优化发展和构建知识体系有着举足轻重的作用。通常将研究人文社会、自然科学及相关专业知识统称为知识体系。人文社会简单来讲就是研究人类文化和社会科学的两个体系的总分类，涵盖哲学、政治思想类的知识，对人类提升自我能力和价值具有深刻影响。

（2）在专业技能方面，不仅要培养大学生的动脑能力，还要培养大学生的动手能力，使大学生掌握在日常智力和体力活动中常用的活动方式。同时还要让学生具有从事本专业实际工作的基本技能和技巧，要学以致用，举一反三，把理论知识与实践结合起来。还要培养大学生的创新能力和创新意识，激发大学生的创新潜能，创新能力是在未来竞争中赢得胜利的关键。此外，实践能力也是一种很重要的素质，只有将理论与实践相结合，也就是将动脑能力与动手能力相结合才能更好地理解专业知识。

（3）智力这一项能力的强化，会使得各个方面的能力得以提升强化。比如，洞察力、想象力、自主学习判断能力等，这些能力都可以使学生具有独立思考的科学态度和创新精神，使学生具有更好地适应社会的能力。

3. 体

体是指身体，体育是指教育者通过专业地、有组织地、有目的地向学生传授锻炼身体的方法及技能，使学生实现全面发展。体育是增强身体素质、锻炼身体、磨炼意志的身体练习手段。一切事物都建立在一个健康的身体之上，所以，应重视大学生的体育教育。大学生的身体素质差异除了会受先天遗传性方面的影响，也会受到后天的体育锻炼的影响。拥有健康的体魄是大学生全面发展的基础和保障，是大学生为社会发展努力贡献的基本条件，是实现"中国梦"的基础和保障。体具体体现在以下几方面：

（1）在身体素质方面，由教育者指导学生有目的、有计划、有组织地锻炼身体，增强学生的身体素质，使学生拥有健康的身体，从而能更加有效地学习。可以通过慢跑等体育项目既锻炼学生的身体，同时也可以磨炼学生的意志，培养学生自觉养成锻炼身体的好习惯。

（2）在卫生习惯方面，培养大学生养成良好的卫生习惯，让学生掌握一些卫生保健知识，让学生做到在保持自身卫生的同时还要维持学校卫生、集体卫生等，环境的卫生有利于学生身体的健康。

（3）在体育道德品质方面，培养大学生热爱体育和良好的体育道德，培养学生团结友爱的精神，在集体体育活动中要互相帮助、互相促进。通过体育培养大学生的勇敢精神、开朗的性格，从而提升大学生的人际交往能力。

4. 美

美即审美观，审美在大学生全面发展的组成部分中占据十分重要的地位，学生的审美观需要教育者通过各种艺术以及自然界和社会生活中的美好事物对其进行教育，通过培养审美观使大学生具有发现美、鉴赏美和创造美的能力，大学生具有正确的审美观更加有利于社会的发展及建设。美具体体现在以下几个方面：

（1）在审美观方面，培养大学生的审美观可以抵制各种精神污染，能正确区分真善美，能够提高大学生发现美、欣赏美、创造美的能力，以辩证唯物主义的文艺观点和理论武装大学生，使大学生逐步形成马克思主义的文艺观点和审美标准，提高其精神境界，从而使大学生陶冶情操，以美的角度看社会，能促进社会的和谐发展。

（2）在审美的知识与能力方面，教育者通过各种艺术和社会中的美好事物对大学生进行审美教育，使大学生拥有识别真善美的能力，掌握欣赏美的知识与能力，能以马克思主义的审美观分析和评价艺术作品和社会上的美好事物。还能培养大学生对于艺术的兴趣爱好，丰富大学生的精神生活，使美好的事物能更好地传承。

（3）在审美实践方面，审美实践是指大学生不仅要有感受美和欣赏美的能力，还应该具有创造现实美和艺术美的能力和兴趣，激发大学生的潜在能力，培养各种艺术形式的表演和创作能力；大学生具有良好的审美观，这不仅利于同学间的相处，更是为将来面向社会做充足的准备。只有自觉把美体现在生活、学习、劳动和其他行动中，才能提高自身的素质，形成健康的兴趣和爱好，才能更好与人相处，更好地提高创新能力，做到心灵美、语言美、行为美。

因此，大学生综合素质的提高离不开德智体美劳的全面发展，不能单一、片面、独立地发展其中一项，要全面性、系统性进行发展。在大学生的整体发展中，要保障大学生的发展方向是正确的。德是发展的思想基础，而科学知识和智力的进行则离不开智的发展。良好的智力是大学生学习文化知识和专业技能的基础，提高学生的素质教育和创新能力都离不开健全的智力。体是一切事物的根本，健康的体魄为全面发展提供物质基础，只有大学生健康成长，才有利于社会的发展进步。美可以促进德、智、体的发展和提高，是大学生心理健康的重要基础，美渗透全面发展的各个方面，与德智体是互相促进的。因此，高校思想政治教育的目标要求便是通过实施德育、智育、体育、美育的教育，培养大学生成为德智体美劳全面发展的新一代人才。

（二）培养建设中国特色社会主义的高标准人才

大学生作为中国特色社会主义的建设者和接班人，应该自觉地从德智体美等方面全面发展，把社会的进步、国家的繁荣作为己任，严格要求自己，在学好专业知识的同时，培养自身的社会责任感、创新意识与能力，以高标准要求自己，高标准人才具体体现在以下几方面：

1. 创新人才

创新是一个国家进步的关键所在，没有创新意识、创新能力的国家，只能停滞不前，勇于创新是中国特色社会主义建设者的重要内在素质要求。人类的发展、社会的进步都离不开创新，一个国家只有勇于创新、善于创新，才能不断地进步，才能在当今世界中立足，才能使国家繁荣昌盛，使百姓过上富足的生活。然而，创新的关键是培养具有创新意识和创新能力的人才。人类社会已经迈入科技创新的时代，所以必须在知识和技术上领先。新一代青年是最快接触且能良好运用互联网的群体，他们一直处于教育的摇篮中，接受着技术知识，其发展前途无量，是祖国未来前进的引领者。因此，就当前发展情形来看，大学生的自身能力关乎的已不再是"小我"，而是关乎整个社会发展命运的"大我"。未来要以一种全新的视角去培育当代学生，将教师导向型转变为学生主导型和教师辅助型的教学模式。唯有如此才能开拓学生们的创新思维及能力，而这些正是当今社会所必需的能力。

（1）在想象力方面，通过教学潜移默化地培养思维能力，去除原有的旧思想、旧思维，用大脑去创造新的思想、思维。将所思所想与未来发展相靠拢。想象是创造之母，具有丰富的想象力是提高创新能力的必备条件，想象力是人不拘于原有的形象而创造出的新形象的能力。大学应重点开发学生的想象能力，从而提高学生的创新能力。想象力贯穿于创新活动的全过程，是创新能力的最高表现。教育者应该了解学生的想法，尊重学生的个性，给大学生提供资源和环境，引导大学生将表象转化于内在，将他们想象的激情完全释放出来。

（2）在创新思维方式方面，改变大学生的思维方式，打破思维惯性，培养学生的创新思维，提高创新能力。创新能力需要有创新的思维，创新的思维要以开发想象力为主，在原有事物的基础上进行创新。

（3）在创新实践方面，学校应该多为学生创造机会，让学生在实践中大胆尝试创新，走出教室，改变过去的读书模式，灵活运用书本的知识，注重理论与实践相结合，通过实践活动来培养他们的兴趣爱好和创新思维能力。

（4）在个性品质方面，培养大学生的创新意识，鼓励大学生敢于创新和激发他们的创新兴趣。培养大学生的创新精神，使大学生善于大胆设想，敢于打破陈规，提出新的见解，并且可以使学生正确对待新鲜事物，培养学生的团队精神。当今时代是科技飞速发展的时代，只靠个人能力是很难取得成功的，所以，要培养大学生的团队意识和团队协作能力，还要培养大学生坚韧不拔的精神，使其能克服在创新过程中遇到的困难。

2.具备社会责任感的人才

之所以称呼中国的社会为中国特色社会主义社会，那是因为它是由一群有担当、有建树的社会主义人才所创立，在他们身上看到了牺牲、奉献、担当的品质。他们从来不会计较多与少，只有该与不该，敢与不敢，能与不能。他们的利益诉求是以全社会为出发点，而不是个人的利益。而这个社会责任感是集国家、个人、社会情感于一身的。身为当代接班骨干们，迈入国家和社会的建设队伍，是他们一生不可推卸的责任和使命。因此，必须以国家和社会利益为上，勇于扛起肩上的重任，做新一代勇于担责的好榜样。而这仅仅是成为社会主义建设者的一小部分，具体地从以下角度呈现：

（1）在个人、集体和国家利益方面，通过大学教育使大学生能正确认识和处理国家、集体、个人的关系，把个人发展与国家、社会的发展有机地统一起来。大学应该着重培养学生的国家荣誉感，树立集体主义观念，了解社会的需要，有计划地将社会的需要和自己的兴趣爱好结合起来，提高学生的团队协作能力，依靠集体的力量，取得事业的成功。培养学生对国家和社会的奉献精神，把国家和民族的利益放在首位，努力学习、热爱集体、团结友爱，为社会主义建设作贡献。

（2）在社会责任的认知能力方面，社会责任是每个公民必须承担的基本责任，而大学生作为我国公民，同样需要承担应该承担的社会责任。大学应该做的是增强大学生的公民意识，使大学生明确自身的责任与义务，明确权利和义务的含义和内容，使大学生明确自己在享有公民的权利的同时，必须履行的义务和承担的责任。大学要培养学生的爱国意识，使他们自主自觉地维护国家和民族的利益。普及法律知识，增强大学生的民主思想，使之能正确认识和理解民主与法治的关系，做到知法、守法、用法，懂得利用法律武器来维护自身及他人的合法权益。善于听取他人不同的意见和表达自己的想法，积极主动地参加集体活动，关心社会及国家大事，积极履行社会责任。

（3）在历史使命方面，大学通过相应的教育引导，使大学生明确作为社会主义合格建设者需要承担的社会责任。大学生作为社会主义合格的建设者，不但要承担普通社会成员对社会应尽的责任，还肩负着实现中华民族伟大复兴的重要历史使命与责任。大学生应该把国家的荣辱与自身的荣辱紧密地结合在一起，从我做起，提高自身的素质、增强自身的能力，做好为祖国建设奉献的准备，这也是时代赋予他们的崇高使命。

（三）培养建设社会主义的接班人

高校思想政治教育的目的有两个：一个是培育大学生成为社会主义的合格建设者；另一个是重点培养大学生中的优秀人员，对其严格要求，将其培养为社会主义可靠的接班人。

1. 坚定马克思主义立场、观点和方法

立场即为对待和解决问题时，个人所持的观点和所处环境的态度。在解决问题时，立场是非常关键的。例如作为新一代接班人，必须具备公平、公正全面思考问题的意识。稍有不慎，就会因为处理不妥而伤及无辜。就马克思主义而言，也是通过世界观和方法论这两条主线来表达自己的立场。那就是用"扬弃"的心态去汲取前人思想，而不是一味地生搬硬套，盲目索取。在此基础上实现科学认识，在高深的理论下科学地阐述人类社会的发展规律，架构起社会主义核心价值的灵魂体系。

2. 建立崇高的理想信念

每个人都有理想，都会为了理想而努力。理想是崇高的信念，是建立在现实基础上对美好未来的向往与追求，是人的精神支柱。崇高的理想对人生和社会有着重要的不可替代的作用，拥有崇高的理想可以帮助人们在人生的舞台上选择适合时代的角色，实现人生的价值。大学生是未来社会主义的建设者和接班人，是社会主义建设的主力军，是祖国的未来、民族的希望，寄托在他们身上的是伟大的历史使命和民族复兴的重要责任。所以，大学生更应该具有崇高的理想，大学教育者也应该引导学生树立崇高的理想并且鼓励学生为之努力奋斗，培养学生成为国之栋梁。

三、思政教育内容维度

（一）坚持中国特色社会主义意识形态教育

政治教育，就是给受教育者一定的影响，这种影响的发出者是某个社会或者某个阶层，以政治的规范和思想为主线来协助受教育者建立正确的政治立场和态度，树立正确的政治观点和信念，指明正确的政治方向。简而言之，政治教育其实就是培育受教育者的政治信仰。在现阶段，政治教育要坚持以下各方面的教育内容，即具有中国特色社会主义和爱国主义的教育；中国共产党的基本理论、基本纲领、基本路线教育；中国形势与政策的教育；现阶段需要特别重视的意识形态教育。

中国在改革开放的进程中在教育体制、社会福利和阶层的结构方面都遭遇到了比较突出的问题和矛盾，西方国家由于物质和科技都非常发达与成熟，所以在这些方面与中国对比，都凸显了非常明显的优势。在现阶段，我国经济的结构形式和社会的结构还不是特别的协调，如农村和城市、社会和经济等，这些有可能会引起社会的不稳定甚至矛盾冲突，那么社会主义是否能够像其所宣传的那样，实现社会的公平与公正，彻底解决效率的问题，人们都持观望的态度甚至质疑的态度。因此，亟须安定民心，维持社会的稳定和平，加强意识形态的教育，进一步加强马克思主义在其中的指导地位。在社会主义核心价值观的影响下，对中国人民的价值观进行正确的引导，确保改革开放按照预期的方向和进度发展。

与中国的后发外生型性质不同，西方国家是早发内生型性质，他们所创造的物质文明，是所有后发外生型国家学习的典范，当然也包括中国。我国是现在世界上最大的发展中国家，是具有社会主义性质的国家，这与西方资本主义国家不同，我们要想稳定发展，必须加强意识形态教育。

（二）树立正确社会主义核心价值观教育

思想教育也是通过给受教育者一定的影响，来协助他们树立正确的"三观"和正确思考问题的方法的教育。主要内容有"三观"的教育，唯物论、无神论等教育。"三观"的教育是思想政治教育最核心的内容。"三观"即世界观、人生观和价值观，分别是人对于世界、对于人生、对于社会生活的整体看法和评价，在人的精神世界中占据很重要的位置，也深深地影响着人对其他事物的看法和所持有的观点。

在现阶段，我国应该把教育的重点放在社会主义核心价值观教育上，有思想家指出，如果一个国家没有统一的价值观来引导民众，那么人们就会根据自己的意愿随意地选择某种价值观或者放弃某种价值观，这样社会就会混乱不堪，危害极大。如果一个社会存在多种道德标准，那么德育就只能是一种奢望了。当代美国著名的发展心理学家和教育家托马斯·里克纳是品格教育方面的领导者，他的作品中所表达的观点和核心价值，对人的尊严给予了极大的肯定，适当地引导社会朝着更加和善的方向发展，同时人类的权利也得到较大程度的保护。他的这些理念得到了全世界的认可，并作为优秀的文化资产代代相传。只有积极地从孩子的教育开始输入这些核心的价值，道德教育才有可能得到长远的发展。

从中华人民共和国成立到目前为止，我国的思想政治教育总体来说还是比较成功的。综观这一过程，核心价值要想取得良好的教育效果，不仅要具有理想性，还要尽可能地贴近现实生活。社会主义核心价值观教育是我国目前思想政治教育的重中之重。

人生存于这个社会中，就必须与其他人交往，进而会与这个社会产生一定的关系，而个人的价值就是在这种关系和交往中得到实现的。人类共同性是核心价值观的基础，核心价值观所反映的是一种道德的价值，关于社会实践和生产关系的道德价值研究，同时还可以辨别和总辖社会实践和社会关系。所以，从事思想政治教育的人员和机构都要将道德价值的核心传达给受教育者，以培养这些受教育者最基础的道德知识和能力为己任。

（三）发展中华优秀传统伦理道德教育

道德教育就是一个内化—外化的过程，具体说来，第一步就是把社会的一些要求通过教育的手段转化成人们的一种观念意识，如道德情感与观念，人的内心信仰。第二步就是将这些观念意识实施到具体的行动中。对人们进行道德教育就是为了使人们拥有更加优秀的道德品质和更加崇高的情操。道德教育囊括很多方面，如社会公德、职业道德、中国传统道德教育、家庭美德教育、社会主义人道主义教育、网络道德教育等。

我国体制下的道德教育，其主要作用是增强国民的历史主动性，使我国的社会作风和秩序更加规范。社会主义的道德教育以我国目前经济政治的需求作为出发点，以全体人民道德水平的提高为最终目的，把传统道德中不好的因素去除，并且注重和政治、经济、知识、审美、法律等各方面教育的协作，社会责任感和选择道德的能力的培养是社会主义道德教育最重视的部分。

在中华民族上下五千年的发展史中，我们拥有了许多经典的文化，如儒家、道家、墨家、法家等，其中蕴含了丰富的思想政治和伦理道德方面的内容。因此，人们应该积极地汲取传统文化中的精华，摒弃不好的部分，并且通过它来让全世界认识中国，了解中国。不能只运用先辈们积淀下来的优秀文化，更应该将思想政治教育与当前的实际情况，如政治、经济、文化等各方面的情况结合起来，使思想政治的内容不断丰富、充实和完善，从而焕发新的生机。

（四）发扬全民社会主义法治精神教育

将纪律与社会主义的法治精神灌输到受教育者身上是法纪教育的目的，同时也是对其法律意识的一种培养，不仅要培养受教育者遵纪守法，还要使其在懂法、知法以及守法的基础上明白自身的合法权益应该怎样去维护。其以纪律、社会主义民主以及社会主义法治等三方面教育为主要内容。

从精神层面来说，社会主义的法治，是将人民当家做主、党的正确领导以及依法治国这三者完美统一在一起，同时其也是对以上三者所弘扬的精神的一种准确的表达方式，并且还是从整体上来呈现如何做到在党和国家的领导下所创建的具有法治化的社会主义理念，即依法为民、服务大局、公平公正、依法治国等精神。

（五）加强现代人心理素质的养成教育

心理教育就是与心理健康有关的教育，包括知识的传授、问答性教育和行为方面的练习。心理教育的目的就是使受教育者有强硬的心理素质，同时还要有良好的身体及心理健康情况，使他们各方面都能得到均衡的发展。心理教育涵盖的内容也比较广泛，如心理健康、意志、品德、个性、青春期等各方面的教育。现在思想政治教育包含的内容非常多，包括一系列的社会活动，如人的认知、品德、理想、信仰、观念等。心理教育能够改变人的观念及行为，所以把心理教育纳入思想政治教育的范畴之内，以其作为思想政治教育的出发点，来培养一代新人，使他们能够承担起建设社会主义现代化的艰巨任务。

我国改革开放四十多年以来，政治、经济都得到了非常有力的发展。在极力发展社会主义现代化的同时，不能忽略人的现代化因素，将二者结合起来，使其相互作用、相互促进。一方面要通过对社会体系的完善来使人的思想和心理的构造更加合理，对社会体系完善的措施有：对社会的现行的体制进行革新、将国外先进的技术引进到国内、对管理的机制和结构进行优化等；另一方面，将人的思想观念根据社会主义思想政治的要求重组或者改善之后，对于缓解社会矛盾是非常有利的。

积极乐观、奋勇顽强、勇于创新、锐意进取，这些精神都是我国进行社会主义现代化建设过程中对全体国民提出的要求，而心理素质现代化是指国民的心理素质要和现代化的进度相符合之外，还要有根据社会的情况随时调节和控制自己的能力，使自己的心态长期处于积极平和的状态。具体来说，分为以下四点：（1）在面对困难和困境时，不抗拒，不退缩，敢于面对，从容面对，不急不躁，迎难而上；（2）不论是成功还是失败，是得到还是失去，都要保持一种平和坦然的心态，训练自己消化这种因成功和失败所带来的心理落差的能力，使自己所作出的每一个行为都是有利于他人，有利于社会，同时也是有利于自己的；（3）要形成自己能够控制自己的习惯，在纷繁复杂的环境中，要有自尊、自立、自爱自强的态度；（4）对于一些不可预料的突发事件，要有快速反应、冷静处理的能力。

四、思政教育方法维度

在我国高校教育中，为了能够很好地实现教学目标以及指导和贯彻受教育者的思想道德教育，通常会采用一些活动方法或者教育形式来进行思想政治教育。随着社会的发展与进步，高校中的思想政治教育方式也在向创新化以及现代化方向转变。

（一）马克思的四种方式

在社会活动中，人们对于社会和世界的认知与理解需要通过思想政治教育来进行引导和说明，对于思想政治教育方法框架而言，马克思总结出了四种方式，即思维、艺术、信念引导以及实践引导的方式。

1. 思维方式

人类思维决定了我们对于世界以及社会常态化的理解力，同时，不断发展和提升的思维能力有助于人们更好地提升自身对于社会的认知能力。简而言之，思想政治教育的核心内容即是从人类思维方面进行传播教育和引导，同时，思想政治教育的顺利进行也依赖思维方式的转变。

思想政治教育的目的是实现人们思想意识的转变，这种转变通常是通过在以往的认知基础上进行不断尝试和探索总结出来的新认知，这是转变的过程，同时也是转变的结果。通过尝试和探索，新的思维方式和认知会发生新的改变和升级。

思想政治教育中的思维方式要求具有科学性和创新性，首先，科学性决定了思维方式更加具有可操作性以及现代性，对于提高人们的实践能力以及认知能力能够起到促进作用；其次，创新性要求思想政治教育思维方式要区别于传统的思维方式，在传统的思维方式中，老师和学生被明确地分为主体和客体，老师在教学中成为教育的主体，而本应当成为教育主体的学生却成了教育客体，这违背了现代教育的本质，同时也不利于教育事业的发展，对于学生而言，在基础教育中没有一个平台能够满足自身创造性的需求，阻碍了学生的学习积极性，同时也违背了思想政治教育以人为本的教育宗旨。

马克思曾经说过，在思想政治教育中没有主客之分，教育中的每一个组成部分都是一个整体，并且相互之间存在相互引导和相互作用的关系。马克思的理论指明了思想政治教育的发展方向，同时马克思的教育平衡理论符合思想政治教育以人为本的教育宗旨，是创新型思想政治教育所要追求的发展目标。所以坚持以人为本、教育平等的思维方式有利于提高思想政治教育的教学质量，有利于保证思想政治教育的教学成果。

传统的教育思维方式已经不能满足当今教育事业的发展，传统的教学内容以及教学方式也不能满足现代化教学的需要。在思想政治教育改革中我们要摒弃迂腐的旧有知识，改变与现代教育宗旨相违背的教育思维方式。现代化的思想政治教育改革需要人们具备现代化以及创新化的思维方式，同时在教育的过程中还需要依靠现代化的教学方法以及教学手段来实现。倘若在现代化思想政治教育中人们没有现代化的思维意识，那么现代化的教育将会进展缓慢，甚至于无路可走。所以我们要积极改变我们的思维方式，用现代化的思维方式来面对当今的思想政治教育。同时我们还应谨记，现代化的思维方式需要循序渐进、不断拓展，需要教育者和受教育者一起不停探索和尝试，只有这样才能保证现代化的思维方式能够满足当今教育的发展，同时在面对各种现代化新问题时能够找到适宜的解决方法。

2. 艺术方式

思想政治教育的美育维度就是艺术方式。改造对象并创造新的对象存在形式，对象是需要在实践中得到运用，在实践中形成规律的。思想政治教育的新方式是表现在美的环境、载体、环境和人格，这种新方式体现在思想政治教育活动中，教育和受教育者运用这种新方式实现主体美和客体形式的完美和谐。

3. 信念引导方式

高尚的信念对人的维度引导的体现形式是信念。信念表现在心理态度和精神状态上，它需要在认知、意志和情感统一的前提下，通过对事物的认识基础上确立对某种事物的坚信不疑同时也勇于践行的行动。一个人的成长过程需要信念，有了信念可以使人在理性确证上形成正确的目标，从始至终地贯通价值。信念可以使人意志坚定，人格得到完善，活力得到激发。根据人全面发展的预设目标，社会本位和个体本位和谐一致是信念确立的原则。提升自身的综合素质，努力奋斗，实现社会价值中个体价值的最大化。中国特色的社会主义理想，为社会发展作出贡献，这两点是信念的内涵。

信念引导需要形成一种行为自觉，受教育者需要理性地认可确立信念，从而让传统的思想政治教育的经验转化成理性形态。另外，当人们的正当需求和利益受到损害和侵占的时候，需要利用信念来进行引导和改变。

4. 实践引导方式

任何教育方式都离不开现实的实践，实践同时也是检验教育成果的最佳方式和方法。马克思主义观确定了科学的实践观，并且由此提出了历史唯物主义观。在思想政治教育中，针对教育实践的主体是老师和学生，所以二者需要同为一体进行思想政治教育实践。科学的实践观需要我们建立在唯物、历史、人道以及辩证角度的基础上来思考问题和解决问题。目前我国的思想政治教育正是在这种科学的教育背景下进行合理的、科学性的实践，并且为了实现思想政治教育目标而进行统一部署以及科学规划，在合理的范围内运用科学的教育手段，只有这样才能保证我国思想政治教育的有序进行以及科学提升。

当前我国社会主义思想价值观正在不断加强以及提升，在这种大背景下，我国思想政治教育更应当融入价值体系之中，并且将实践精神贯彻到实际的教育中，这不仅能够有力保证我国思想政治教育的健康发展，同时还能够加强我国的社会主义文明建设。传统的教学模式中，学生一直以学习客体的身份存在于基础教育中，这极大地降低了学生的学习积极性以及学习自主性。因此，新时代的思想政治教育需要不断提高学生的学习自主性，在实际的教学中可以采用一些较为潜性以及柔性交流方式的方案或者图示，并且以此来培养学生的学习积极性。在一些教育水平较为先进的西方国家，他们在思想政治教育方面有着较丰富的成果，如道德讨论法、价值澄清法以及社会学习法等，这些方法在实质上针对学习的不同阶段以及不同适应人群而引用，其所要达到的教学目标是使思想政治教育能够更加具有科学性以及现代性的教学特点，除此之外，在评判一些个体思想素质的时候要运用科学的思想价值观，从现实角度分析不同个体间的差异变化。

（二）满足主体多样性发展的咨询辅导方法

当前高校思想政治教育要积极寻求方式创新，从思想政治理论课教学入手，积极建设思想政治教育主题网站，开发用于思想政治教育的新媒体平台，以应对日益复杂的思想政治教育环境。

1. 优化思政理论课教学方法

我国的高校普遍开设思想政治理论课，它是对大学生思想政治教育的主要途径，是由我国的国体所决定的。但是，在新媒体时代下，传统的思想政治课已经无法适应时代发展需求，思想政治课的效果并不理想，因而，现在最为重要的就是改进思想政治理论课。

第一，在课堂教学过程中要积极地运用多媒体。教师把所要传授的内容以多媒体的形式给学生展示出来，使理论知识立体化、生动活泼，调动学生的学习兴趣，同时便于学生理解掌握。在课堂教学过程中，教师也可以调动学生的积极性和主动性,运用电脑让学生参与到教学中来。

第二,进行案例教学。在教学过程中,以教学目标为前提,把实际生活中的案例引入课堂中来,可以选择视频案例,也可以制作演示文稿(PPT),这样更易于学生接受,有利于学生分析问题、解决问题能力的提高,并能深刻体会教学内容。

第三,体验型教学。大力开展体验式实践活动,因为理论源于实践。开展丰富、灵活多样的理论课教学,让大学生亲身体验生活,从而提高思想政治觉悟。

2. 运营新媒体平台账号

在网络不断发展的时代背景下,各式各样的媒体平台不断涌现,思想政治教育的平台也获得了新的发展。高校思想政治教育应该随着时代的发展而有所发展,积极探索思想政治教育的新媒体平台,并进一步拓宽教育的范围。

(1)负责管理 QQ 和微信这两个平台的账户运营。腾讯 QQ 和微信都是高校思想政治教育的载体,也就是说通过这两个平台的功能,思想政治教育主体可以将自己需要传递的信息传递给思想政治教育的客体,使得主体和客体之间产生一定的联系。

(2)管理微博的账号。微博从用户的关系出发,进行信息的传递和分享。微博凭借其即时性、交互性和多元性的特质,为思想政治教育提供了新的便利条件。

(3)充分发挥手机媒体的潜力,为思想政治教育开辟新的途径。手机具有共享性、即时性、便携性的特点,用户数量急剧增加。从事思想政治教育的教育人士需要紧紧抓住这个机遇,发挥出手机媒体的优势条件,探索教育的新方法。

第三节 高校思政教育的话语重塑

一、思政话语的重塑

(一)话语

话语系统是符号化的复杂系统。词源学汉语中的"话语"大多作为"说话、讲演和论述等"解释。西方语系中的话语（discourse）由前缀 dis（分离、穿越）加拉丁文词根 coursus（行走、路线）组成，具体意思是对事物展开的演绎、推理、叙说。

人类语言的实践行为是话语的本质体现，这种语言实践是在一定的语境、语言规则下运行的。话语是一种能够广泛使用于人类交往过程中的言语行为，话语的指向性较强。话语对于反映与构建社会关系、对于确立人的主体性地位都具有重要作用，由此话语系统的符号性特征也就凸显了出来。瑞士著名语言学家索绪尔的语言理论很有参考价值，这一理论主要阐述了话语的两层含义，即能指和所指、语言与言语两者之间的关系。索绪尔阐明语言符号不是特定的，而是任意性的，可以任意进行组合。能指和所指呈现出的这种符号关系，不是实名性的关系，仅仅是一种观念。而在言语和语言的关系上，索绪尔认为二者是有差异的，语言是确定的，言语是不确定的；言语是个人运用自己机能的行为，而语言则是社会控制的力量。

（二）新媒体

所谓新媒体，就是基于数字技术、网络信息资源和电子通信科技等，利用数据网络进行输出播放，向用户提供技术信息、资源资料，充分展现宣传的力量，并且能够调动输送者和接受者双方互动的所有网络介质的综合体。新媒体的本质可以从两个方面来解析：首先，新媒体属于一种技术；其次，新媒体具有哲学性质。所谓技术性，就是指新媒体是一种网络信息化的媒体，现今社会，网络信息技术发达，信息资源的传送速度、输送质量和规模都需要满足人们日益增长的需求。换言之，新媒体主要是指数字化的媒体，人们通过网络技术、数据资源，可以将所需求的影像资料、图画和声音资料通过数据技术变成文本或者是电子档的形式，进行存储、读取等。

当今社会是电子网络的社会，数字化媒体正是顺应了时代的变迁而产生的。信息网络的时代，新媒体必须也要具备数字化特性，这些数字化性质体现在两个方面：首先，网络处理的信息数量多、质量高、速度快，并且涵盖范围广。其次，信息传送过程中，传送对象发生了改变，传送者和接受者可以分为一个对一个、一个对多个、多个对一个和多个对多个的模式。因为很多人传送、很多人接收的模式已经成为现实,并广为应用,这就代表了对象广泛化和对象之间互相交流的网络时代已经到来。

随着人类社会的不断发展,前后产生了四次信息革命:第一次革命,是单纯的语言信息的革命,就是利用说话将心里的想法表述出来,属于一对一的传输。第二次革命,发展到了文字信息的革命,不单纯利用语言来表达思想,还利用文字来传送想法,属于线性的传输。第三次革命,是电磁波的信息革命,这个时代电子信息通信技术的发展十分快速,信息传播已经形成供不应求的局面。第四次革命,就是现在的网络信息时代,利用电脑、网络、电子设备将网络信息全面输送出去,这次革命是多方面、多角度的信息传输。这四次不同的信息变革,充分体现了人类社会的文明文化的发展,尤其是第四次变革的出现,从本质上将社会带入了网络信息时代。通过新媒体产生的信息的传输,信息传送的速度不断加快、数量不断增多、质量越来越良好。

除此以外,网络信息联系了所有民众,不同的人得到不同的信息,并且在网络上互相交流、互相影响,这种网络媒体对人类的影响力较大。这就导致传统的信息传播途径和方式受到了影响,比如报纸杂志和电视机、收音机等。

(三)教育话语与思想政治教育话语

教育话语指的是在教育学领域产生的普遍的一般的语言活动。教育学领域包括了很多种类,有高等学科教育、专业职业教育、近代教育、当代教育、远古教育、心理教育和伦理道德教育等等。这些不一样的教育类别共同形成了整个教育话语体系。通俗而言,教育话语就是指,在对教育进行实际操作的过程中,利用相关的语言对规定、纪律等进行实践,在相关的语言背景下,在语言对象之间相互进行交流、沟通、探讨和研究,并且通过论述、界定、分析和组建相关的特定的信息资源或者是材料内容的语言序列,整个系统包含了四个内容:第一,教育话语是根据相关的语言实践的原则、规定而发生的;第二,教育话语形成的话语背景是和话语环境相关的;第三,话语涉及的对象之间相互联系的展现;第四,教育话语拥有分析、阐述、评论和组建等各项功能。

思想政治教育的话语指的是一种言语符号系统,是指在一定的话语语境中,遵循一定的语言规范、规则和规律,思想政治教育的针对对象就是施教者和受教者之间相互进行沟通、输送、接收和评价的关系，还有两者之间通过表达、陈述、讨论和组建等方式将思想政治教育内容表现出来的关系。

思想政治教育话语是表现了话语主体间的观点思维、价值导向和活动特点的一种语言序列的系统。首先，思想政治教育的话语具有意识形态性核心主导的一面，要受到特定的关于社会主导的思想意识的引领和控制，汲取相关的社会主流思想的本质，并且利用这种思想去进行实践活动。其次，思想政治教育的话语亦有非意识形态的一面，且这种非意识形态不可忽视，要传承一般教育话语的内涵、承载一般性的传播使命。思想政治教育话语的意识形态性和非意识形态性这两种使命有机地联合起来，形成具有思想政治教育学科特点的思想政治教育话语的语言体系。

（四）话语体系与思想政治教育话语体系

话语体系是由话语和体系两个方面共同构成的，这就是话语体系的组成内容，所以，我们有理由将话语体系解释成为：相同的事物之间的话语体系是相通的，这种话语体系是由具体的具有特定序列排序的符号系统形成的，这些语言符号系统有一定的规则和存在环境，这些符号系统可以阐述、组建事物的本身和与事物相关联的各个内容的综合体。

话语体系包括了不同的内容：首先，话语体系的构成部分是相同事物的内部蕴含的所有的话语。其次，话语体系存在于某种特定的相关的语言环境里面。再次，话语体系蕴含着阐述、限制和组建的作用。最后，话语体系是通过组成它的各种内部元素相互联系、相互影响构建起来的。换言之，因为话语体系属于话语符号系统，所以它的内容和定义不单单表现了对于内心思想的表达的重要意义，还表现了更加丰富的组成部分的相互关系。话语体系是利用有规则的符号系统，通过有效的宣传输送，共同接收资源和承受影响，从而对人们的行为进行指导，让人们的行为朝着正确的方向发展。

地域和区域不同，话语体系也是不尽相同的，具有不同的本质和特征。话语体系的特点和内涵的不同注定了话语体系在不同的区域和不同的实际情况中具有不同的特点，也就是说不同的学科之间都有属于自己的学科话语体系，比如法学、建筑学都有它们自己的专业话语。其中，一方面，学科话语之间之所以不同，是因为学科的发展情况不一样，不同的学科需要利用的学科语言是不一样的，相关的学科语言可以构成这个学科的话语体系，来对这个学科进行阐述和组建。这也表现了话语体系的规律性和适应环境的性质以及话语表达的困难性。另一方面，话语体系对学科的内容和本质特点来进行表达的时候，不单单是单纯地表述和书本式的宣传，还必须通过学科所处的话语的背景、受教者的心理承受能力来决定学科话语采用什么样的方式来进行陈述宣传，并且通过这种方式来组建学科话语内在组成机制。这样才能有效地将话语体系的承接作用体现出来。

除此以外，还可以根据话语体系不同的特性，对其进行具体问题具体分析。换言之，思想政治教育话语体系可以理解为：思想政治教育的使用者在它的定义思想和实际活动的讨论过程中，通过相关的理论规定、原则规律来进行思想上的指导。为了达到思想政治教育目的，话语之间进行相互沟通、相互影响、相互联系的整个的教育话语的机构体系。因为思想政治教育话语体系是和这项学科相匹配的话语体系。同时，思想政治教育是一门理论性质和实践性质都非常强的学科，所以这门理论学科不单单要对学科发展使用思维理论上的创新探讨，还需要对学科的理论如何应用到实践中进行具体的分析和实际考察评价。

所以说，思想政治教育话语体系作为施教者和受教者的中间介质，想要更好地随着时代的发展而发展，付诸实践并发挥其更好的作用，就需要思想政治话语体系从两个方面进行深入的创新和研究。但是，我们要对理论和现实有明确的区分，因为理论虽然可以指导实践，但是理论不代表实践。理论来源于实践，升华于实践。通过这种理论来源于实践又创新发展于实践的原则，以其为基础，对分析事件进行总结归纳，取其精华去其糟粕，找好研究的源头、研究的思想观点和方式方法，才可以将思想政治教育话语和其他学科的话语保持相等的地位，并且促进思想政治教育学科的创新发展。

总而言之，对于话语体系的研究不能受到研究过程中有关细微问题的影响，应该专门将思想政治教育话语体系的内涵、特点、形成状况和创新发展的原则和规定等问题进行完整细微的陈述。这种陈述属于对于思想政治教育话语产生的实际行为的结果的深层次的认知、深度的研究，从而产生更高层次的思想理论。这种理论思想不但具备了认识程度上的详细性，也具备了理论体系的指导作用和系统考虑问题的理论系统。这种话语体系对于理论指导实际的工作和与话语相匹配的学科具备重大的指引意义。

（五）话语、教育话语与思想政治教育话语的关系

不容置疑，思想政治教育话语、教育话语和话语这三者之间的关系密不可分。简单而言，思想政治教育话语的一些内容属于教育话语的总体内容之一，然而教育话语又从属于话语的内容之一。换言之，话语是最高级别，包括教育话语和其他话语，教育话语是第二级别，包括思想政治教育话语和其他学科话语，话语又同时包含了教育话语和思想政治教育话语。它们之间是有区别又有从属关系的。从以上的关系来看，这三者之间紧密联系，思想政治教育话语不但要有教育话语和话语的本质内涵、特性和作用，还要将话语体系付诸实际活动，而且思想政治教育话语也不能丢掉其自身的特点和本质内涵，这也能充分表现出思想政治教育学科的本质特点。换句话说，思想政治教育话语除了具备学科特性，还具备话语特性，是两者的统一，又具备两者的差异性。三者之间有着共同的特性，也有着不同的特性。

从不同的特性来说，学科的特性不同，相对应的话语也不一样，其特征也是不同的。单就思想政治教育话语来讲，既含有其他两者话语的基本内容、特点、作用和影响，又含有思想政治教育的学科专属的特性。这也能充分反映出其相对应学科的特性。又因为思想政治教育话语是一种思维模式、思想理论，这就必须将马克思主义理论融入进去，让思想政治教育话语体系纳入马克思主义理论里面，成为其归属的学科。要将两者互为相融，就必须将思想政治教育话语和马克思主义理论联系起来，除了马克思主义，还包含与其相关的其他学科的联系。将这些相关联的学科联系起来，才能让思想政治教育话语更加充实，从而具备思想性、政治性这些特殊性质。除了马克思主义理论，还有很多有关的话语体系，其中包括中国性质的马克思主义话语、发展过程中的马克思主义话语、其他国家特性的马克思主义话语，以及我们所说的思想政治教育话语。

以上所说的这些话语，都是马克思主义理论话语体系的分支，它们都是马克思主义理论话语体系的构成部分，从属于这类话语体系。这个整体的话语体系内容广泛，彼此之间相互联系。这些话语之间相互联系，彼此相通共融，彼此之间

互相影响、互相依靠、相互吸收养分；内容之间互相融合、关联，形成不同的话语特性，也有相同的话语性质。这些彼此之间的联系和影响，是思想政治教育话语独有特色的表现。

二、高校思想政治教育话语发展的路径

思想政治教育的话语体系是由多个要素组合而成的。为了实现思想政治教育话语的整体性发展，我们应该积极转变话语的理念内容，通过改变话语的使用理念、优化话语表达方式、丰富话语的内涵、拓宽话语的场域、提高话语主体的素质水平等方法，促进思想政治教育话语的协调发展。

只有当科学理论的表达方式是高效的，它才能更易于被大众所接受。我们需要转变过去的思想政治教育方法，采用更为生动和有趣的方式做好思想政治教育的工作，并实现网络思想政治教育的开展目的。在思想政治教育中，我们需要从思想政治教育的重点问题出发，让我们的话语结构更加多样化，将教育内容通过大众化的方式，使用生动的实际案例来解释深刻的道理，并以易于理解的方式展现出来。

（一）转变思想政治教育话语理念

在发展思想政治教育话语的过程中，我们应该坚持开放性、平等对话、以人为本、科学发展等话语理念。

1. 坚持科学发展

思想政治教育话语体系的科学程度，很大程度上取决于人们对客观规律的认识和把握。为了科学地发展思想政治教育的话语，我们必须坚定马克思主义的方法、观点和立场，从中国的社会实际出发，进一步加深对思想政治意识形态传播规律的正确认识。同时，还要注重从不同视角研究话语问题，为了能够顺利开展话语理论的创新，我们必须从根本上理解并把握规律的内容，只有这样才能总结出新的表达方式、新的概念范畴、新的概念内容，以确保思想政治教育的话语体系能够符合社会的思想实际情况。

在当前新媒体迅猛发展的背景下，为了提高公众的关注度，在宣传的过程中应该使用更符合人们对思想政治教育话语认识的传播方法。我们要积极使用符合

新媒体传播需要的形式来解决人们出现的各种问题，使广大人民能够理解思想政治教育的内容和他们自身的成长之间的关系，从而更好地激发他们学习主流意识形态的自信心，并提升相关理论的实际感召力。

2. 坚持"以人为本"

"以人为本"强调科学发展观的落实，包括全面、协调、可持续的相关理念。这一理念的内涵更有层次，"以人为本"这一观念不仅是科学发展观的中心思想，更是思想政治教育话语得以发展的核心目标。思想政治教育话语必须坚持以人民群众为中心，体现出"以人为本"的理念。坚守"以人为本"的思想政治教育理念，意味着我们要将人视为教育的对象和教育的主体内容。我们在考虑社会和人的全面发展时，需要将人的全面发展作为根本，同时也要将人的全面发展提升到实现社会发展的基础层面。我们既要对人表示出尊重和关心的态度，同时也要做到对人的教育和培养。

人的全面发展理论是构成思想政治教育的理论基础。在思想政治教育的话语进展中，我们需要深入思考如何将人的发展放在首位，并对传统的文本发展观和器本发展观进行改革。我们应该始终秉持"以人为中心"的原则，必须基于人们的真实生活需求，真心实意地为人民服务，时刻关心人民的生活状况。近几年，在进行思想政治理论教育的过程中，我们对于关心个体、强调人的利益和促进发展这一议题给予了更多的关注和努力，然而，思想政治教育话语的语境仍待转换。

3. 坚持平等对话

对话是不同层次、不同范围的话语相互作用的形式，对话的普遍性与充分性是考量一个时代政治开明、思想解放的尺度。传统思想政治教育由于建立在传统哲学认识论的主客体二分基础上，教育者与受教育者处在不平等的地位，教育者是教育过程的控制者，他们对文本拥有最终解释权，所以，通常采用单向灌输教育教学方式，因此与受教育者之间缺乏必要的对话、交流与沟通。平等对话理念不仅是话语方式的转变，也是人与人之间关系的变革。互联网时代，新媒体所提供的自由、个性、互动、虚拟的空间，使人与人之间的充分实时对话成为可能。

在信息平等开放、利益多元、价值多元、观点多元的今天，各种思想观念、价值观念、思想观点的碰撞和交锋异常激烈与复杂，受教育者对信息也具有平等的选择权和交流自由权。新媒体语境下的思想政治教育话语体系建构，必须建立平等的对话理念，让对话成为沟通交流、解决问题、促进和谐的有效机制。思想政治教育作为生成的、动态的、发展的实践活动，要充分尊重并发挥受教育者的主体能动性，通过对话、沟通、互动的方式建构教育者与受教育者之间共同的想象域，缩短思想政治教育认同的理解间距。例如，运用讨论式、探讨式的话语方式与受教育者交流思想、探讨问题，鼓励各种思想文化、价值观点的交织与碰撞，并有意识地导向正面主流的观点和权威性的结论，使受教育者在寻求答案的过程中自觉认知党的创新思想理论，自觉树立正确的世界观、人生观和价值观，提高自身的思想道德素质并养成良好的行为习惯。

4. 坚持开放性

开放性是马克思主义哲学的理论品格，思想政治工作只有解放思想、开拓创新，才能使党的思想理论站在人类文明的制高点和时代发展的前沿。思想政治教育话语体系建设如果不坚持开放性，就会使自身拘泥于狭隘的视野和眼界，就无法对世界的发展趋势和人类社会出现的时代课题作出有效的回应，进而也会无法获得话语权。要争取和赢得国际话语权，思想政治工作者就要具备世界视野，始终坚持以开放性的眼光和视野洞察当今世界的发展趋势，并主动融入世界历史的发展进程中，吸收、借鉴人类文明发展所取得的一切优秀成果，提高中国设置国际议题和制订国际规则的话语水平。

思想政治教育者要直面多元文化思潮的碰撞与交锋，直面某些刻意的意识形态演变及价值观渗透，运用开放性的思想政治教育话语对国际国内重大事件、社会热点问题进行透彻说理与正确导向。同时，也要将讲仁爱、重民本、守诚信、崇正义、尚和合、求大同等中华优秀传统文化精髓以及新时期科学发展、和谐共生、命运共同体等科学理念积极地对外传播。

思想政治教育话语的开放性，还要回应全球化和网络化进程，打破传统思想政治教育局限于课堂、学校、书本和地域的局限，建立社会化的思想政治教育话语体系，使思想政治教育与社会生活相互融合、相互贯通。针对改革过程中出现的贫富差距等现象，应树立"用发展的方法解决发展中问题"的思维，针对社会转型过程中出现的利益分化问题，应树立现代政治文明和民主法治思维，通过法治思维和法治方式来化解矛盾。

（二）优化思想政治教育话语内容

思想观念是内在的、反映本质内容的，而话语则是外在的、体现表达形式的。话语看似纯粹是思想的表达形式，其实是经过选择的历史内容，不同的话语体系体现着不同的价值观和利益关系。思想政治教育话语内容的选择需要整体性的谋划布局，要善于从广大人民群众诉求中把握要点，从我国传统文化中汲取养分，从中国共产党红色文化传统中寻找底蕴，从世界文明谱系中吸纳营养。思想政治教育要走出这种话语的"贫困"，就要依据新的时代背景来对思想政治教育话语体系进行改造，可以从以下三种方式着手来优化思想政治教育的话语内容：

1. 吐故纳新

其一，剔除思想政治教育话语体系中不符合时代发展要求的话语，并不断延长传统概念的解释链条，拓展传统话语的内涵与外延。

其二，随着社会的发展和思想政治教育实践的推进，发展出了许多新范畴、新观念、新理论，这样就需要及时补充教育话语，注意选出日常生活中已为人们普遍接受，又在一定程度上反映社会发展需要的话语并提升其学术内涵。培育和践行社会主义核心价值观，巩固共同思想道德基础，是当前国家思想道德建设的重要任务。

社会新话语随着社会的发展层出不穷，它们来源于外来语、方言、专业术语、网络语言和新造词语。或者产生于国内外经济、政治、科技、社会文化生活，或者社会娱乐、社会热点事件中，表现为舌尖体、甄嬛体、淘宝体等多元化的话语形式。思想政治教育话语也要将社会新话语的形式和内容为我所用，优化话语内容。

2. 温故知新

思想政治教育话语发展要继承中华优秀传统文化和中国共产党宣传教育文化中有生命力的话语，并根据社会主义市场经济、民主政治、先进文化、社会治理等的发展需要，积极推动中华优秀传统文化和宣传教育文化与之相协调、相适应，实现其当代价值。现代传媒扩大影响力的基本策略就是以各种形式的文化为主要内容，紧密关注普通人的价值信仰和情感诉求来赢得民心。在这种时代背景下，思想政治教育话语也应在政治性和意识形态导向性之外，添加诸如"讲仁爱""重民本""守诚信""止至善"的道德精神和永恒价值,深入阐述社会主义核心价值观与中华传统美德的历史承接。目前,我们努力实现传统文化的创造性转化和创新性发展,是为了积极运用前人的智慧解决当下的问题,发挥文以化人的教化功能,使之有益于个人、社会的教化和国家的治理。

3. 开拓创新

思想政治教育话语要不断开拓创新、与时俱进,主动适应、自觉回应变化着的时代境遇、现实要求与发展趋势。思想政治教育话语发展,也要充分吸纳和借鉴能够概括并反映思想政治教育发展规律的哲学社会科学、其他学科的概念和范畴,与原有的思想政治教育话语实现某种程度的对接,丰富话语资源。吸收国外语言中反映人类文明进步,特别是在科学技术发展中产生的新词汇和语言,如阶级、阶层、群体和利益集体、生命意识、公民意识、差异、包容和认同、共识等。

(三)丰富思想政治教育话语方式

1. 多元的理论话语形式

传统思想政治教育话语方式最典型的特征是命令式的祈使句,诸如"应该""一定""保证""必须"等。宣传思想工作中仍然习惯于运用"学习贯彻""号召""宣讲"等发号施令式的话语。在这种权力话语教育方式中,受教育者的主体地位和利益要求被弱化,基本处于被动接受的地位。但是思想政治教育的终极目标是促进人的全面自由发展,它要求立足于人的主体意识,给人以充分的自主性。

思想政治教育是要找到人类发展的便捷途径,所以,这就需要思想政治教育的权利理论话语方式转变为多元的理论话语形式。在思想政治教育过程中多运用"对话式""劝导式""分享式"的话语表达方式,才能行之有效地发挥思想政治教育的作用,实现其促进人的全面发展的教育目标。除此之外,还应该多运用劝导式的思想政治教育话语。在社会的文化程度越来越高、社会生活越来越文明的今天,应该让宣传的词语和语言更加鲜活,并且在宣传发扬文明的同时,都应该给予宣扬积极向上、友好和平的建议。这种真诚、平等的话语才会使我们的思想政治教育更加人性化、更拥有交流的特性,这样才可以让施教者不是单纯地发放指令，也不是单纯地强行改变受教者的思想和行为，而是友好、和平、平等地和受教者进行沟通交流。

2. 增强话语的针对性和亲和力

改变过去生硬的叙述方式和居高临下的说教，要运用生活化的思想政治教育话语表达，才能使思想政治教育话语具有亲和力，让受教育者更容易接受。思想政治教育话语属于话语的范畴，具备了日常生活的话语内容，必须让思想政治教育话语在社会上的影响和作用发挥到最大的程度。思想政治教育的相关人员要通过不同人的特性，不同区域的特性，有目的有计划地将话语变得更加具体化、实际化，让受教者更加容易接受这项话语，并将思想政治教育话语受教者和施教者的关系变得更加融洽。让思想政治教育话语更加贴近人们的生活世界，让思想政治教育话语和社会生活话语更加接近，让这项话语走进人们的生活，让思想政治教育话语更接地气，更容易被广大人民群众所接受。

（四）拓宽思想政治教育话语场域

在特定环境里面的话语，是由很多相关元素组成的和话语环境相关的开放的载体。这些相关元素包括话语在环境中的位置、信息的处理、话语资本的使用和话语权利的使用等各项元素。这个开放的承载者是否具备话语使用权利，决定于它是否占据话语的独立空间。也就是说，话语的独立空间就是话语权利的空间。思想政治教育话语体系存在很多不同程度的相关的话语问题，其中包括话语区域空间的狭小、环境带来的影响不够大、话语环境使用效率低下等。所以说，扩大思想政治教育话语的空间范围，增加话语客体面积，实现主流意识形态与普罗大众两者之间相互沟通对话，是思想政治教育话语继续前行的必经之路。

1. 网络话语场域

虚拟性、交互性与多样性的互联网络的兴起，为思想政治教育话语发展提供了一个新的场域。随着科学技术的快速发展，人类的传播方式发生了颠覆性的变革，在网络空间建构的话语已经成为影响社会生活和人们思想观念的重要话语环境背景。将网络作为思想政治教育的重要领域，通过多种方式提高网络思想政治教育的知名度，让这份思想意识在民众的心中根深蒂固，符合思想政治教育话语继续前行改进的内在要求。互联网用它相互交流的形式和不断发展变化的话语状态充实了占据主导思想的话语环境背景，发展改变了主流意识形态传播的渠道，扩大了主流意识形态的研究视野。

伴随网络技术的发展，新媒体成为宣传主流意识形态的新阵地，要发挥我国马克思主义理论的指导作用，必须发挥新媒体的阵地作用，通过利用网络问政的良性互动、扶危助困的善行善举、核心价值观潜移默化的传播等路径，加强思想政治教育网络场域的话语权。

2. 民间话语场域

将人民群众的主张和想法融入党政党纲，坚持"以人为本"，充分让民众发挥创新理念，并广纳群众意见，以此来实现人民对我党的政策和活动进行参与、互动和检查的愿望，这也是新时代下共产党领导下的党政间和民众间相互谈论评价的结果。

随着网络媒体时代的来临，经常能够形成强大的舆论飓风，网络流行语进入领导人的话语体系后，加速融合和互联互通，表达出来民众希望听到的、渴望听到的、能够被接受的话语，并利用民众经常使用的、愿意使用的、流行实用的话语体系来指引人民群众的实践活动，正确建立政界和民间话语体系相互融合的良好关系。

3. 教学话语场域

思想政治教育教学过程中，受众对于主流意识形态的理解和接受才是教育的最终目的。从受教育者的理解和接受角度出发，教育上的话语是和社会科学话语拥有相同之处的，要保持思想领域的潜藏的特性，并与受教育者原有的思想和思维理论上的语言拥有相似度。跟随社会发展的步伐，适应经济的快速发展，现今社会的大学生讲究的是平等、独立、自由，他们拥有自己对社会事务的独特见解，有着自己的想法和主意。尤其是进入新媒体时代，青年人的阅读和学习方式都发生了较大变化，传统教学场域里填鸭式的教学话语远远满足不了学生的受教需求，在教育方面的话语体系需要加入新的元素，使用新的方式方法来进行施教。要想使教学话语适应青年的需求，就要从不同的方面进行变更、改革。其中，全新的思想政治教育的教学话语内容需要依据教材进行话题设置。

思想政治教育教学运用的教材许多都是国家统编教材，教材话语具有规范性和明确的政治性或国家意识形态性，但是思想政治教育教学并不能简单地"照本宣科"，而是需要对教材内容进行凝练和创造性建构，并科学灵活地转化为教学语言。教学设置的话题及其政治内容承载教学的实质或意义，是教学话语场域的灵魂。教学话语方式，是其话语场域中的基本要素。

现有教学话语方式在一定程度上存在着生硬的问题，应该改变教学话语叙事方式，增强学科性和科学性，同时提高教学话语质量，话语的质量取决于其话题与话题表达形式二者的结合中所产生的说服力量和逻辑力量，也取决于话语体系运用的定义、话语体系改变的程度和话语体系的对应属性。

思想政治教育需要在教学中保持和时代发展相同的前进步伐，第一时间了解大学生的理念观点的变化，利用大学生经常使用的媒体平台、网络平台，了解并掌握学生经常使用的话语领域。在青年学生鲜活的生活实际中提炼，运用青年学生喜闻乐见的话语表达方式，才能实现抽象的教材文本与学生的生活世界的真正连接，快速地、敏捷地把文本话语变成教学话语，这样才能推进思想政治教育话语的前进步伐。要想在施教的过程中让学生更容易理解和接受传送的信息，就需要施教者摒弃传统的填鸭式教学，放弃强加的硬性的教学方式，主动和学生沟通交流，用平等的身份去教育。要面向信息化社会和数字化生活方式，用主动的意识形态去建立和平友好的、坦诚相待的、相互沟通的、引导为主的教育方式。让老师和学生之间相互交流、地位平等，虚心请教学问和采纳建议，让双方都拥有教育话语的使用权力。

4. 社会实践话语场域

社会实践场域是使受教育者在理论和实践相结合的过程中增长才干、健康成长的重要课堂，把握社会实践话语场域，有利于受教育者全面成长、优质成才。社会实践活动可以使学生深化认识、了解国情、增长才干、掌握方法、锻炼毅力、培养品格、增强社会责任感和历史使命感，以造就受教育者知情意行合一、真善美统一的健全人格。

思想政治教育是实际发生着的一门科学，是施教者利用课堂的形式和社会话语的方式，将马克思主义理论传播出去，利用施教者具有感染力的语言将马克思主义理念灌输到受教者的内心，并使用多方面的、多途径的教育活动，逐渐让马克思主义在人们的心中生根发芽。让人们通过对马克思主义的了解和掌握，逐步形成理论自信和理论自觉。受教育者通过深入工厂、农村、街道、部队、医院等地方进行社会实践，充分发挥其知识和智力优势，使其能够了解社会并为人民群众生产和生活基本需求提供服务，为经济建设和社会发展服务，培养受教育者的劳动观念和奉献精神。

另外，通过参与社会实践，受教育者才能找到理论与现实的切入点，才能体会到理论的普遍性与现实的具体性之间的矛盾，也才能将文本的知识转化为自身的行为，将课堂上学到的方法论转化为实践中解决问题的方法。要充分发挥思想政治理论相关教育者的工作优势，能在任何合适的场合和环境下，对思想政治理论思想进行宣传和教育，对人们提出的理论质疑进行分析和解释，利用正确的思想和观点，给人们答疑解惑。在这个过程中，宣传的语言要铿锵有力、昂扬向上，运用情感的力量宣传弘扬社会新气象、新方向、新事物，发动人民主动加入志愿者行为，加入法律宣传行为，让人民群众更加深刻认识社会主义价值，认同社会主义发展方向和指导方针，并且提升人民群众的爱国热情和爱国理念。

（五）提高思想政治教育话语主体素养

使用思想政治教育话语的个人和团体的素质如何，决定了思想政治教育理论思想的宣传效果如何。这就需要提高思想政治教育话语的使用个人或团体组织的素质、能力和相关背景条件。只有把主体的能力提高了，宣传的效果才能得到更好的发挥。

1. 扩大思想政治教育话语主体的范围

思想政治教育工作进行状况的好坏是社会生活的大背景以及教育内部小环境共同作用的结果。话语发展是主观意识的产物，但是受到客观语境的制约，需要整个社会的大系统来解决。既依赖于社会大系统为思想政治教育创造适宜的制度环境与人文环境，也依赖于社会主义核心价值体系的建构和完善，以及国家政策对思想政治教育功能的合理定位。因此，思想政治教育话语主体也不应只局限于具体承担思想政治工作的个体，而应该扩大为各级执政骨干、各级宣传思想工作者。

全新的状态和工作需要什么样的人或者团体来进行宣扬，是一个值得思考的问题，这要求有专门的、专业的宣传团队和对象，还要求包括共产党领导人在内的全体党政人员自身树立正确的宣传理念，宣传从我做起，时刻准备宣传。任何一个党员在思政教育的宣传上都要亲力亲为，包括党员领导者的身体力行、率先引导和榜样示范都是至关重要的。

在互联网时代和网络媒体时代，任何一个人，尤其是党员，包括党员的领导者，都应该坚持并一定要变成社会主义意识形态的学习者、宣传者和捍卫者，通过自己的言行成为合格的思想政治教育话语主体。各级宣传和文化、广播、电视、法律等相关单位的理念和思想的宣传者和发扬者，同时也应具备思想政治教育话语主体应该有的素质，因为他们承担着社会主义意识形态的诠释和传播工作。他们应该做党的创新理论的深入学习者、坚定信仰者、积极传播者和模范践行者。

2. 提高思想政治教育话语主体的素质

在对思想政治教育话语进行宣传的时候，不但要对宣传的内容进行筛选和取舍，还要合理利用宣传的方式和方法。因为话语主体掌握了话语宣传的方向和方式，所以话语主体的素质是话语宣传效果的决定因素，也就是说话语主体的自身优缺点对于话语宣传的力度和结果起着至关重要的作用。利用传播学的心理方向来进行分析，想要有效快速地将话语传播出去，并且达到预期的结果，这就需要加强话语传播者在人们心中的正面向上的、美好优秀的良好形象。换言之，想要宣传效果好，取决于两个要素，一是意识理念的自身吸引力，二是宣传者的良好形象。在这两者共同作用下，通过宣传主体进行宣传实践，才能达到理想效果。

思想政治教育话语主体应该具备现代化素质结构，即思想上可靠、理论上过硬、观念上开放、工作方法上科学。话语主体本身只有对政治理念有高度的认知与支持，真正从内心深处追随和信仰思想政治教育，才能有效地、正确地对他人进行宣传和教育。只有主体本身对思想政治有自己高度的认同，并且有自己的理解，才能从本质上掌握这个思想主流，不被其他思想所左右。只有话语主体博学多才、学识渊博，才可以利用不同的方式方法，通过不同的渠道，对思想政治理论进行宣传发扬。话语主体具备了以上这些特质，才能让思想理论全面广泛地传播出去，让思想教育发挥最大的作用，最终在人们的心中生根发芽，从而能引领群众进行实践活动。另外，还要掌握科学的宣传途径，让宣传出去的话语更加有力度，更加有影响力。

3. 提高思想政治教育话语主体的创新能力

经济全球化、文化多样化与社会信息化的新语境对思想政治教育话语主体的创新能力提出了新的、更高的需求。

（1）提高话语主体对于互联网、多媒体的运用技能，熟练地使用网络这个平台进行宣传。这就需要对于网络文化、语言和网络技术、资源和使用能力都有深入的了解和掌握，从而为受教育者顺利交流做准备。话语主体通过媒体时代给社会带来的改变和新生事物，利用网络媒体作为介质将思想理论传播到民众当中去，同时加大思想政治教育对网络平台的使用力度；利用网络更好地发挥思想政治教育的作用，将网络化教学方式融入传统的思想政治教育教学方式；利用人民群众更乐于接受的网络语言和网络方式将思想政治教育话语传播出去，让人们更愿意接受思想政治教育内容。另外，话语主体要主动使用并深层研究网络生活，只有这样才能掌握网民在网络中的需求和喜好，通过他们在网络上的表现，来了解并抓住他们的心理发展和变化的特点，利用这些掌握的信息资源，真正做到与受教育者在同一个语境下交流。

（2）在既有的教育方法中融入新鲜血液，跟着社会发展的脚步，适应国际化的大环境。传统的思想政治教育话语体系已经开始落后，所以在对话语体系不断探索的同时，要利用创新变革的方式，继续维持话语体系的最基本的功能。思想政治教育工作者要在对传统思想政治教育话语进行深入研究、分析的基础上，积极探索话语体系变革和创新的逻辑理论，增加话语的词汇量，充实话语体系的内涵。运用多媒体时代的高新科技，将思想政治教育理论与其相互结合、取长补短，在双方共同的作用下，指导受教者的实践活动。

（3）话语主体要运用富有个性色彩的话语拉近与受众的距离，改变传统中的权威姿态，实现话语双方平等有效的沟通。从思想政治教育话语主体自身看，机械式的灌输方式、话语意识低下、对专业知识掌握不明、实践话语脱离生活实际等因素，都会影响思想政治教育话语权功能的发挥。对于网络大众集中反映的问题和普遍关心的方面进行及时有效的引导；对于破坏性的、危险性的源头和问题进行有效及时的制止，这样才能建立一个正面的、良好的、安全的思想政治教育的网络环境。

第四章 互联网背景下高校思政教学实践

本章主要介绍了高校思政课教学中微信移动平台的创新应用，高校思政课教学中微电影教学的创新应用，高校思政课教学中VR技术的创新应用，高校思政课教学中"云课堂"的创新应用。

第一节 高校思政课教学中微信移动平台的创新应用

一、高校思政课教学应用微信移动平台的背景

最近几年，在各种先进科学技术的影响下，移动信息技术得到快速发展的同时，也对其他行业带来了深远影响，特别是它在高等教育领域的影响已经达到了空前的高度。微信公众号作为一种互联网时代下兴起的新型传播平台，具有强大的用户黏性与广泛的影响力。如今，微信作为移动应用，巧妙地融合了社交功能、通信功能以及平台化功能，并且随着应用的不断深入对大学生的多个方面产生不小的影响，如人际交往、价值追求等。随着微信的普及与用户规模的不断扩大，微信已逐渐成为高校学生日常生活和学习中不可或缺的重要组成部分。微信移动学习平台具有很多独特的优势，如多样性的交互功能、操作的精准性和便捷性，等等。这些优势促使微信移动学习平台在高校教育中逐渐"崭露头角"，并且得到教师和学生的认可、接受和欢迎。原因是它一方面为高校的众多学生提供了具有高效性、便捷性的移动学习应用平台；另一方面也在一定程度上为高校思政课程的创新和进一步发展，提供了更高水平、高质量的网络载体。也正是因为微信移动学习平台的广泛应用，人们对其独有的内在教育价值以及学习辅助功能进行

深层次的研究，并且在高校开展的思政课程当中将其有机融入其中，逐渐变成广大优秀专家、学者以及教师普遍关注的核心议题。微信移动学习平台作为辅助思政课教学的网络载体，主要有以下三个优势：

首先，高效性是该平台的特点之一，它能够使高校思政课程的教学效率得到较大幅度的整体提升。众所周知，微信传播特性是实时的，这确保了信息的快速和便捷的传递，同时点对点的传播方式进一步增强了其传播的精确性。此外，它还能够及时对信息内容进行更新，为广大教师和学生提供即时互动的交流空间。教师在思政教学过程当中通过微信移动学习平台能够将教学内容及时、精准地推送给所有学生，这样学生就可以通过移动设备，在任何时间、任何地点接收到信息，并作出反馈。举例来说，思政教师在以前传统课程教学过程中，因为有限的授课时间和繁重的教学任务，学生在课堂上很少有发言的机会。然而，该平台却可以为所有学生提供发言的机会，这样能够使课程的教学效率和质量实现质的飞跃与提升。除此之外，通过对微信移动学习平台的灵活应用，还能够有效增强教师和学生之间的互动交流和资源共享程度，从而促使教学资源实现最大化共享。

其次，强关系性是该微信移动学习平台传播主体的特点之一，它有助于缩短教师和学生之间的距离，加强两者之间的紧密联系。微信作为一款熟人社交应用工具，主要是基于以强关系为主导的方式，促使"弱关系链接"逐渐转化为"强关系链接"，这种转变在该平台设计中得到了非常明显的体现。高校在开展思政课程教学的时候将其融入其中，可以让教师和学生两者之间产生一种"熟人关系"，并且此种关系不仅具有平等性、真实性，还具有互动性，进而在潜移默化中将两者之间的情感距离不断缩短。例如，教师和学生可以通过该平台上的多种功能，自发地展开对话与交流。

最后，微信移动学习平台传播媒介具有较高的丰富度，它能够促使高校在开展思政课程的时候进一步提升其吸引力和亲和力。需要注意的是，此处所说的丰富度主要指的是传播媒介在传递丰富信息方面所拥有的相关能力。在互联网时代，人们对信息的需求日益增多，信息传播也变得更加高效和便捷，同时为了确保信息传递的流畅性，需要以语言以及非语言符号为基础性介质，提升信息传播的流畅度。在以前传统课堂教学中的教师大多通过粉笔与黑板来传递知识，但无论采用哪一种手段，均无法满足现代教育发展对教与学提出的新要求，同时也难以将学生参与教学活动的积极性激发出来。微信移动学习平台则可以有效解决这一问题，它可以为学生提供不同形式的传播媒介，让学生在课堂上能够对学习内容更迅速、更深入地掌握。因此，教师在课堂教学中应该对微信移动学习平台进行灵活的应用，以促进学生更好地发展，如教师通过图文编辑功能将教学内容转化为一份"知识清单"，这样可以使学生在课堂上学习教学内容的时候更容易理解、更愿意接受，从而使高校思政课教学内容的吸引力得到全面提升。

二、高校思政课教学应用微信移动平台的优势

（一）传统课堂教学与微信移动学习互补

从教学方法上看，微信移动学习平台应用于高校思政课教学，从某种程度上来说是教师在教学过程中对微信移动学习平台进行充分利用，进而快速提升课堂影响力的一个具体过程。在此期间平台把学生的学和教师的教以一种独特的方式相结合，并且对这两者进行重点强调，最终实现高校思政课程教学效果快速有效提升的目标。

在高校思政课程当中将微信移动学习平台引入其中，能够对以前传统课程教学的不足之处进行弥补，可以说是移动学习和微信技术两者有机融合的结果，其核心理念是以学生为中心，强调建构学习的重要性。因此，学生需要充分发挥自己的认知能力，通过高度的自主思考活动和解决情境问题来进行独立和探究式学习，同时深入地反思和验证自己的观点，促使知识的获取由被动转为主动，进而提高高校思政课程的教学效果和质量。教师在这一思政教学过程中，应该把学生当作教学活动的中心，通过不同的方式和手段将学生的学习热情、主观能动性和创造力最大程度地激发出来。

（二）教师的主导性与学生的主体性并重

师生在高校开展的思政课程当中，均应被视为具有主体性的个体和教学中心。在微信移动学习平台的实际应用中，对学生主体性和教师主导性的有效平衡是平等、互动关系的主要体现。教师的主导作用不仅在于对学生在多方面的差异性进行客观的全面掌握，还体现于对教学内容的选择、组织和安排上。将以学生为本理念贯彻到课堂教学实践当中，通过选择合适的资料、问题等，将学生在独立思

考方面的能力充分激发出来的同时，也提升他们在思想道德方面的综合素质。需要注意的是，教师在此期间应该注意尊重和保护学生对自己人格及个性的肯定态度。学生的主体性主要涵盖了对高校思政课程教学目标的价值认同、与教师建立平等互动的良好积极关系，最终通过对微信移动学习平台的灵活应用进行具有广度和深度的自我教育。

在高校思政课程当中应用微信移动学习平台，其核心目标是实现学生自我学习和约束或教师的"不教育"，平台通过提供多维度的互动方式和丰富的传播媒介，可以将学生对教学内容的浓厚学习兴趣激发出来，进而将学生的学习积极性和主动性进一步调动起来，甚至能够将"被动学习"转变为"主动学习"，从而有助于将高校思政课打造成学生喜欢的优质课程。

（三）思想理论知识与现实生活体验接轨

在高校思政课程教学中把微信学习平台引入其中，应该对教学内容作出适当的调整，可以在思想理论知识内容当中融入一些人们日常生活的话语体系，通过两个方面的有机结合与接轨，促使原本严肃、无趣的理论知识与文件话语等转变为日常生活话语、流行话语等，从而在潜移默化中逐渐成为学生日常生活中不可或缺的重要精神指导。

（四）德育主导性与艺术审美性的融合

就教学形式而言，通过观察微信移动学习平台在高校思政课教学中的应用，我们可以看到德育的主导作用与艺术审美之间的完美结合。高校思政课程的根本原则或者立身之本是"立德树人"，因此无论是高校思政课的创新，还是进一步发展，均必须认真贯彻和坚持德育的主导地位，其实这主要是由社会主义大学的本质所决定的。高校在使用微信移动学习平台开展大学生思政教育工作的时候，要注重发挥其优势，尽可能避免其劣势，并通过不同的途径，全方位快速提升其思政育人的功能。高校思政课的教师在利用微信移动学习平台的过程当中，不能只重视和满足不同学生的实际需求，而忽视其核心的意识形态特质，正确的做法是应始终坚守和认真贯彻社会主义制度的原则。此外，高校思政课教师应善于利用其平台优势，科学、合理引导大学生树立正确的世界观、人生观和价值观，将快速有效提升他们的道德水平和素质作为核心目标，持续性增强思政教育的针对性和实效性。微信移动学习平台要通过不同的方式和途径使不同学生的学习需求得到满足，因此教师应该在教学过程中不断用真理去说服学生，并且还需要掌握如何用艺术去感染和用真挚的情感去打动他们。在课堂上教师向学生传达教学内容的过程中，需要重点强调思想表达的亲和性以及感染力，以便让学生在美的感知中得到启示与正面影响，从而成功将他们的理想信念以及道德规范，顺利内化为他们内心的一部分，就像春雨滋润大地一样，促使思政课的"正能量"真正进入大学生的思维和心灵中。

三、高校思政课教学应用微信移动平台的设计原则

设计活动的主要目的是充分满足各种实际需求，核心在于顺利解决具体问题的一个详细过程，其中严格按照设计原则进行，则是顺利解决问题的有效指南。原则具有概括和引导的功能，同时还能够使大学生通过网络实现自我教育和自我提升。就本质而言，高校通过微信移动学习平台上开展的思政课教学，实质上是一种混合教学模式，它将线上教学与线下教学有机融合在一起，主要侧重于将学生的独立自主学习能力有效激发出来，从而促进学生更好地发展。传统课堂则更侧重于协助思政教师更好地将教学内容展示给学生。

（一）内容开发以教材的内在逻辑为核心

众所周知，教材构成了教学活动的重要基础，因此教师在进行思政教育时应选择合适的教材，以便保证课程教学的质量和效果。在开发高校思政课的微信移动学习平台内容的时候，应该将思政课程的核心逻辑作为主导思路，同时还需要与当前互联网技术发展的趋势相结合，对教材内容进行深层次的梳理、分析、优化以及整合，使之成为一个有机的整体。除此之外，思政课教师还应该对教材内容的知识体系进行全面的掌握，如相关概念、观点以及原理之间的逻辑关系和联系，等等。教师进行教学设计和内容编辑的过程要以此为基础和前提，选择合适的教学理论重点、教学感兴趣的知识点等。简单来说主要包括两个方面，具体如下：

第一，教师作为教学设计者，他们需要深入理解教材并全面掌握其核心内容，明确提炼教材核心思想的方法、突出教学难点的手段等，从多个角度全面理解和

整合教材内容。例如,《思想道德修养与法律基础》的核心思想是与高校学生的成长模式有机结合,正确辅助以及科学引导他们对马克思主义的观点、立场等进行灵活运用,以便帮助学生顺利解决日常生活中遇到的道德、人生等理论与实际问题。微信移动学习平台的内容应当始终围绕以坚定的理想信念、科学的人生认知等为核心,对不同的主题板块进行合理划分,并且每一个板块都应该根据相关章节的内在逻辑来组织。

第二,思政教师在设计教学内容的时候需要围绕理论的核心内容来构建与其相对应的问题场景,并把这些问题合理放置在不同的故事或者环境之中,这样可以更好地将学生的求知欲激发出来。在课堂教学过程中,教师应积极培养和正确引导学生主动、积极地参与到学习活动中来,通过各种途径来快速提高他们分析和解决问题的相关能力。例如,教师在学生探讨"怎样充分坚定理想信念"这一理论议题的时候,可以尝试将这一问题与他们所熟知的励志偶像真实经历相结合,以此作为核心来激发他们在思维方面的能力,同时调动他们的好奇心,确保理论知识可以有效深入实践,从而实现学生更愿意接受并主动学习的目标。

(二)功能设置以辅助思政课教学为根本

技术的存在是为了更好地服务于教育教学。高校思政课通过对微信移动学习平台的应用,实现了从"教"到"学"的转变,这就要求编排和设计的教学内容,必须具有科学性、针对性及实用性。在设计该平台的功能的时候,应该严格遵循辅助思政课教学的根本性原则,通过设定的明确学习目标,确保线上学习活动可以实现真正意义上学习效果的实质性有效提升,而非流于形式的表面"热闹"。现阶段,平台主要的服务模块有统计、管理和功能。需要注意的是,并不是所有功能都可以促进思政课教学质量和效果的有效提升,因此思政教师应该按照不同教学模式的基础环节进行适当的选择和取舍。

高校的思政课在微信移动学习平台的强有力支持下,可以采用协作探究的学习模式,这种模式的主要特征为有序整合、深入探究以及协作互动。思政教师作为课程开发的主导与实施主体,应给予微信移动学习平台这一新型学习形式高度的重视,积极发挥其以学生为中心、以人为本等特点,以便能够顺利开展协作探究学习。教师作为教学内容的主要设计者,其核心职责是对平台的辅助支持功能进行充分利用，对参与合作探究活动的学生进行有序组织与安排，使他们逐步形成一个知识构建的共同体。思政教师需要始终坚持并围绕特定的学习目标，对问题场景进行科学、合理的设计，及时为学生提供丰富的学习资源，合理规划探究过程和合作方式，同时也要思考怎么样才能公平、公正地合理评估合作探究活动的效果。

因此，在这里我们将平台的功能合理划分为三个不同的模块，即资源管理、学习支持和数据统计。资源管理模块涵盖的功能有用户分组配置、后台消息处理等，这有助于教师构建学习共同体，设计问题场景，选择合适的学习资源；学习支持模块涵盖的功能有自动消息回复、用户留言等，教师通过这一模块能够对学生的学习过程进行精心设计，与学生进行平等的互动，指导学生学习策略和方法；数据统计模块涵盖的功能是对消息、用户等数据进行全方位的统计和深层次分析，通过对海量数据的分析，可以更好地支持学习效果的评估策略，以实现使高校思政课评价方法的科学性和完整性快速提升的最终目的。

（三）菜单界面设计以营造亲和力为目的

在设计微信移动学习平台的时候，菜单界面应当充分考虑用户的行为习惯及认知规律，与学生的需求紧密相连，并致力于为学生提供服务。原因是菜单作为高校教师和学生之间相互交流的桥梁和纽带，一方面要具有一定的信息传播功能，另一方面也要具备良好的视觉美感。高校学生作为思政课微信移动学习平台的主要用户群体，当他们开始使用这一平台的时候，通常情况下首先关心的就是菜单的界面，并且这个界面的初次印象很大程度上依赖于其外观是否吸引人。若菜单的设计过于繁琐、复杂，与学生需要不相符，也没有为学生提供更好的服务，则无法得到学生的接受、认可和喜欢，从而导致学习效果大打折扣。若菜单的设计简单明了，界面设计充满活力，风格简练明快，那么就可以在学生的心中营造出一种良好的"首因效应"，从而为他们提供一个良好的学习环境，并且使其产生愉快的学习感受。基于此，在设计平台菜单界面的时候，必须坚持和围绕致力于营造亲和力为核心目标，另外，思政教师作为主要的设计者，应该对教学内容进行精炼、总结和创意思考，充分展示思政课程的独特吸引力，以使学生在审美方面的品位以及不同的实际心理需求得到充分满足。概括来说，教师需要重点关注两个方面，具体如下：

一方面，在设计微信移动学习平台菜单界面的时候必须紧跟时代步伐，展现出与时俱进的精神。随着时代的飞速进步和科学技术的发展，高校思政教学面临着前所未有的巨大挑战。因此，需要借助思政教育在理论方面的积极创新，进一步促进在实践方面的有效创新，确保菜单界面能够根据实际情况、时代背景和趋势进行适当调整，使其更具活力以及创新性，从而将鲜明的时代特色充分展现出来。

另一方面，在设计微信移动学习平台菜单界面的时候应该适当地权利"下放"，具体而言就是为学生提供更广泛、更多的选择空间和权利，允许他们按照自身的学习进度、对学习活动的频次以及强度进行自由、灵活的调整，并根据每个学生的独特兴趣和喜好，为其提供专属定制化的解决策略，使平台成为一个"私人助手"，促使学生在学习中实现真正意义上的独立自主学习，并且为他们提供更加有效的自助服务。

四、高校思政课教学应用微信移动平台的创新思路

（一）树立跨界思维，成立新媒体联盟

思政课的教学设计者以及研究者，应该建立跨学科的思维模式，摆脱以前传统教学设计的框架，从多个层面出发对高校思政课教学资源和微信技术资源有序整合的实效性问题进行深度探究。同时，对不同领域的研究成果进行参考，取其精华部分，并且以此为基础进行跨学科的合作研究，致力于推动技术和教学资源的深度结合，从而实现最优教学效果的目的。例如，高校思政课的教师在开展教学的过程当中能够根据微信传播的日常生活和情感特点来科学调整他们的教学语言，使教学内容更容易被学生接受并得到广泛传播。

高校和高校之间也应该不断加强在思政课教师团队方面的相互交流与合作，并且基于各自的优势和经验，联合创建"高校思政课教学新媒体联盟"，促使高校和高校之间实现资源的真正共享和创新。也唯有如此，高校才可以将全部人的力量汇聚在一起，从而产生具有高质量和高水平的教学精品，并使高校思政课程教学的实际效果得到较大幅度的提升。在我国高校中有很多不同形式的新媒体，也应该不断加强它们之间的交流与合作，对具有道德和积极向善的高质量内容进

行广泛推广，以实现全方位和全过程的最终育人目标。

（二）把握教材特点，提高针对性

首先，确保使用微信移动学习平台的过程当中严格遵循、认真贯彻正确的价值观。思政教师也应该在日常教学活动中，不断加强对学生信息素养的综合培养，以进一步提升他们运用新媒体技术整合教育资源的能力。在维护和使用平台的时候，首要任务是抵制不良信息的渗透、始终坚持和维护意识形态的核心阵地、确保信息传输的安全。除此之外，教师也应该对平台的使用规则和章程有更全面的掌握和深入了解，以合理明确用户的权利、义务以及相关责任。

其次，教师在设计教学内容的时候，应该严格按照目标导向以及内在逻辑，对线上和线下教学的比例进行有序的组织与合理的分配，以维持教学节奏的张弛有度。教师在思政课的教学过程中应该注意，有的教学环节适合课堂，有的则适合在微信移动学习平台进行，将平台作为一种辅助手段，丰富教学内容的同时，也进一步提升教学效果。例如，当思政教师在教学中遇到道德起源和本质内容的时候，课堂教学显得尤为合适，此时思政教师可以用面对面的方式向学生讲述发展历史、相关理论，这样更容易让学生理解并掌握，从而促使教师和学生两者在情感方面产生共鸣。适合线上教学的情况则包括教授学生怎样认真实践中华传统美德，教师在课堂上鼓励学生将他们对中华传统美德的独到见解表达出来，或者鼓励他们用手绘漫画、微信视频的方式，对自身周围具有较高道德水平的人物进行完整记录，并且通过平台将其展现出来。

最后，通过培训和宣传等不同的方式，促使高校的教师和学生不断加强对思政课程线上和线下混合式教学模式的了解，同时进一步加强高校对思想政治理论课线上与线下课程资源建设和整合的重视程度。教师和学生唯有对平台的优点和缺点进行全面的掌握和理解，才可以将各自的优势淋漓尽致地发挥出来，同时知道何时切换教学方式可以得到最佳效果，从而确保线上和线下的教学活动可以有序进行。

（三）探索评价机制，并及时调整

目前，我国高校的思政课程在建设微信移动学习平台上仍然是初级阶段，还需要积极的探索，同时其创新性和吸引力都相对较低，和学生的兴趣点或者关注点的匹配度也不高。这导致了"想教而不是想学"的问题变得更加明显，造成这种情况出现的原因是高校思政课教师在开展教学的过程中，既没有对平台的信息传播模式和规律进行深入的了解，也没有全面掌握学生在学习方面的实际不同需求。所以，高校思政课教师在未来的一段时间中，应该对平台的信息传播模式和内在规律进行全方位的研究，更应该对平台的内容进行合理、科学的延伸与拓展。

第一，教育工作者应该对平台在内容设置方面的多维度评价机制进行深度研究，并对学生在应用过程中提出的建议或者反馈意见进行收集和整理，以此为基础进行及时的优化和改进。举例来说，当有学生提及平台存在的疑虑过多而指导不足等问题的时候，思政教师在此时应该更加重视对学生留言的回应，同时在适当的时机向学生推荐适合阅读的书籍或者名人名言，从而帮助学生的思维更加符合主流价值观。教师可以在平台上组织和开展主题讨论、互动交流等活动，使教师和学生之间形成良性的平等、互动关系，从而快速提高教学效果和质量。除此之外，教师还能够激励学生主动参与到平台的内容创作当中，从而充分参考和吸取各方的优点并不断创新。值得一提的是，教师在教学中应该对平台信息发展的及时性和规范性给予高度的重视，以便为学生和教师营造一个良好的互动交流平台和氛围，并且能够在较短的时间内获取最新知识和信息。另外，教师团队有责任对平台发布的内容进行非常严格的立场审核，以确保其政治立场是正确的。

第二，高校思政教师应该对平台的信息传播模式和内在规律进行全面探讨和研究，了解微信技术在信息传播中的优势以及其独特性，以便在思政教学中能对其优势进行灵活运用，从而为教学提供更多、更好的服务。此外，由于平台能对海量的数据进行收集和整理，教师也应该对数据背后的深层含义进行积极的研究和探索。

（四）重视生活维度，吸纳网络话语

在开展思政课的过程当中，教师的教学话语应该努力与高校学生的日常生活相贴近，以学生为核心，关注并为他们提供更好的服务，从某种程度上来说，这是当前高校思政课程教学话语深化与改革的核心要求。因此，高校思政课的教师需要对学生的日常生活和语言习惯给予高度的重视，通过多角度的了解和掌握将其作为话语转换的关键依据。高校思政课教师应该对教材内容进行全面掌握和了

解，并且以此为重要基础采用学生喜欢的语言教学风格，真正做到以学生为本，尊重学生的核心主体性，与学生的话语习惯相契合，从而使高校思政课教学传递的理想信念以及主流价值观，与高校学生的思维与心灵相融合。

高校思政教师在教学中除了需要丰富思政课程的教学语料库之外，还应该紧随时代发展的步伐，对教学话语进行不断的创新。微信移动学习平台为高校思政课程提供了一种全新的传播途径，它以其快捷性、便捷性以及交互性等优点受到教师和学生的喜欢、青睐。思政课教师在教学中应该借助不同的手段和方法将平台的优势充分发挥出来，在扩大教学话语影响范围的过程当中，对那些充满青春活力、具有正确价值观的流行话语进行充分的参考和借鉴，使高校思政课的教学语料库变得更加丰富。另外，还可以利用微博、抖音等平台，采集、加工与整理网络流行语，为丰富高校思政课的教学语料库提供参考依据。高校思政课的教师应该对平台的发展和变化进行及时的掌握，随着时代发展的步伐和脚步，深层次探究高校学生在审美方面的特点，并且对他们的心理特征进行全面了解，通过对他们常用话语修辞技巧的灵活应用，创造出更多容易被学生接受和认可的新鲜话语，从而最终达到创新高校思政教学话语的目的。

第二节　高校思政课教学中微电影教学的创新应用

一、高校思政课微电影教学的概念与特征

（一）高校思政课微电影教学的概念

为了更好地适应新时期改革与发展的趋势，将高校思政课程的实践教学真正激活，我国高校进行了一系列的大胆尝试和探索，发现在思政课程的实践教学中把微电影巧妙地融入其中，可以大幅度提升高校思政课的教育效果。在高校思政课教学中融入微电影能更好地将思想政治理论课的育人功能发挥出来，提高学生对学习的兴趣，培养他们的创新精神，同时增强他们的社会责任感。所谓的微电影实际上是在"微文化"这一大背景之下，逐渐从传统的电影形式中演变来的。作为微电影的组成部分，思政课微电影是非常特殊的存在，其独特之处在于

它肩负着高校思政课的重要育人任务。微电影的出现和应用，为高校思政理论课提供了更多创新和丰富的素材资源。作为新媒体时代的产物，微电影其实是对电影短片的传统延续和进一步的拓展。和其他微作品一样，微电影在创作中同样需要严格遵循内在规律，并要符合特定的要求，唯有如此方能取得预期效果。作为艺术形态之一，微电影中"微"的特点主要体现在较短的时长、较小的制作和较少的投资上。微电影一方面展现了"三微"的独特之处，另一方面还拥有十分出色的制作工艺、完整的故事情节等多重优势。目前，我国高校思政课程中运用了很多微电影作品，这些微电影体裁和表现形式多种多样，除了一些以纪实和人物故事为主的叙述体微电影，也有动画、街头采访等体裁的微电影。高校在思政课的实践教学过程当中尽管对微电影的应用时间比较短，然而它却呈现出几何式发展的速度，十分令人震惊。在高校思政实践教学课中的运用微电影已经成为一种大趋势，原因是它具有十分独特的育人作用，因此我国高校对其高度关注和重视。

在高校思政实践课中通过微电影开展教学，可以将学生的兴趣和积极性有效地激发出来，培养他们的自主意识，增强他们的创新精神与创新能力。微电影的教学方式与新时期教学特色相契合，更符合年轻一代的学习偏好，让学生的学习可以不再仅局限于课堂中。现阶段，微电影被我国众多高校认为是思政课程中实践教学中的有效手段之一，肩负着思政课的教育和培养任务。一方面，站在教学实践的层面来看，微电影教学的核心是让学生在思政教师的正确、科学引导下，根据思政课的教学内容以及他们自身在日常生活中积累的实际生活经验，以小组的方式，自编、自导以及自演微电影，并且将思政课程的教学内容真实地展现出来。微电影以其短小、精悍等优点，使思政教学课堂变得更加活跃，同时激发了学生对学习的浓厚兴趣和积极性。微电影教学法通过制作思政课微电影，实现了理论和实践教学的有机结合，不仅达到了在实践过程当中对思政课理论知识内化与灵活应用的目的，还将学生的主体作用淋漓尽致地发挥出来，同时也确保了高校思政课程的思想性。另一方面，站在实际应用的价值层面看，微电影的教学主要是让学生以团队合作的方式，在思政教师的正确、合理引导下自编、自导甚至自演微电影，这不仅可以增强教学环节的吸引力，还可以提升其感染力，从而使高校思政课程的教育效果得到有效提升。

总的来说，高校思政课微电影教学实际上是在教师的合理、正确引导下，学生通过团结合作的方式，以思政课程的理论知识为基础，自己编写、导演和表演来制作微电影的具体的实践活动。众所周知，微电影不仅有十分独特的艺术魅力，具有广泛的传播优势，还可以将学生对思政课学习的兴趣、主动性充分激发出来，从而既可以实现思政课教育目标，又能满足大学生自我完善和发展的需要，并进一步提升他们在创新和自主学习方面的能力。在此期间除了可以将高校思政课程在价值导向方面的作用最大限度地发挥出来，还能激励学生用理性的态度来审视和看待社会中的诸多焦点问题，不断深化大学生对思政课基础理论的理解，同时稳固他们的理想和信仰，帮助他们确立正确的人生观、价值观以及世界观。除此之外，也有助于拓宽学生的知识视野，增强他们在综合方面的技能，全面培育和有效提升他们的创新思维和道德素养。

（二）高校思政课微电影教学的特征

1. 成本低

为了确保高校思政课的实践教学可以有序进行，经费是十分重要的，因为它能够为其顺利进行提供强有力的支持。然而，现实是经常会遇到资金短缺的问题，甚至被用于其他项目，从而对原定的实践教学计划产生一系列的负面影响，最终导致思政实践教学效果的降低。这些现象的产生基本是由于实践教学的经费并没有得到有效利用所造成的。举例来说，高校在组织学生进行革命圣地参观等较远距离的校外实践教学活动的时候，会产生各种费用，如门票费、乘车费等，如果这些费用全部由实践教学承担的话，那么将是一笔不小的支出，随着次数的增多，经费的支出也不断增加，从而引发资金短缺的问题，甚至部分思政课教师由于资金短缺，在开展实践教学的时候被迫选择带领学生前往距离学校不远，并且无须购买门票的红色圣地进行实地参观以及学习，这种情况严重制约了实践教学的顺利进行。

而在高校思政课教学中将微电影融入其中，实践的时间和地点并没有受到严格的限制，同时对于经费也没有过多的限制，有时甚至能够实现零成本。学生在实践教学中仅需一部智能手机，便能够参与全部环节，如微电影的制作、剪辑等，并且所有这些任务均能够通过免费软件来完成，这不仅减轻了经费的负担，还能够鼓励学生积极、主动参与到思政课的实践教学中，从而更好地实现思政课的教育目标。

2. 成效快

高校思政课在组织和开展实践教学的时候，尽管采用了多种方法并取得了不错的效果，但是要达到快速提升育人效果，除了采用高校学生普遍喜爱的教学方法之外，还应该对实践教学的形式和手段进行完善、优化以及创新。因此，各高校均把加强和改进思政课实践教学改革工作列入重要议事日程，并将其列为学校教育改革的重中之重。因为只有这样，才能有效避免学生们对教学过程产生反感，并积极融入实践教学活动当中。

高校思政课的微电影教学方法符合时代的发展趋势和步伐，在促进大学生综合道德素质发展的同时，也进一步满足他们的好奇心。通过制作微电影来辅助思政课堂教学是一种全新的教学方式，这一独特的方法能够引起学生的关注，并使他们愿意并积极地参与其中。学生在参与实践或活动当中通过确定主题、编写剧本等环节的推进，一方面加深了他们对高校思政课知识内容的全面掌握和了解，另一方面也提升了他们在综合方面的能力，从而进一步增强和提升高校思政课的实效性。

3. 可复制

与传统的思政课实践教学相比，思政课微电影教学具有独特的优势，也就是说，它具有很好的可复制性。参观革命圣地和重大事件纪念馆等传统思政课的实践教学，在很大程度上会受到地域的限制，这一实践教学适合在红色资源丰富地区的高校进行，而对于红色资源较为匮乏地区的高校来说，其参考价值不是很高。由于历史原因以及现实条件的多种制约因素，我国许多高校在思政课微视频教学方面还缺乏足够重视。也正是因为如此，高校思政课教师在开展实践教学的时候，应与当地的实际情况相结合，以此为基础选择适合的教学方式。在高校思政课程教学中将微电影引入其中，可以被大多数高校的思政课程所借鉴运用，并且这种方法具有很高的可复制性。通过制作微电影可以将思政课程中十分抽象的理论内容，形象化、具体化、直观化，从而进一步增强思想政治教育效果。高校师生能够按照各自掌握的思政课程理论知识，以及对社会焦点问题的不同理解，确定思政课微电影的核心主题，这样除了能够赋予其更为深刻的内涵之外，还能保持其鲜明的思想性和与时俱进的特质。思政课微电影教学没有太多的约束，无论是在时间还是在地点上均具有一定的灵活性，同时，学生也非常容易掌握这一方式，有简单易操作的优点。因此，高校应积极地将思政课微电影展示于课堂中，以达到更好的教学效果。同时，高质量、高水平的微电影作品，可以借助网络的广泛传播，吸引更多学者、教师等的目光，从而加强高校对思政课微电影教学这一创新实践教学方法的重视。这为那些希望尝试这种教学方式的高校提供了十分重要的参考价值和意义，最终促使教师和学生从中得到更多的益处。

4. 传播广

微电影因其短小精悍的特点闻名，既有艺术气息，又有独特的魅力，通过移动媒体得到广泛传播，并且得到很多高校大学生的喜爱。

我国的网民人数呈现快速增长的趋势，特别是年轻一代所占的比重相当大。因此，非常有必要借助网络开展教学，并将其作为一种教学方式，有序组织和开展思政课教学活动。其中，思政课微电影除了能够在各种主流网站、QQ 等传播媒体上学习之外，还能够被多次下载与分享。除此之外，高校学生对优秀思政课微电影作品的需求日益增大，对其关注度越来越高。鉴于互联网的传播具有高效性、快速性以及实时性，高质量、高水平的思政课微电影有可能逐渐拓宽其影响范围，并且其传播成效也将持续提升。

二、高校思政课微电影教学的优势

（一）有利于发挥大学生的主体作用

随着对高校思政课重视程度的提升，众多学者和教育学家逐渐认识到开设思政课实践教学的重要性，因为它不仅满足了不同学生的实际需求，同时也是他们全面贯彻和践行在课堂所学的关键方式。高校思政课具有很强的实践性，通过理论知识与实践相结合的教学方式，可以进一步提升和增强学生对思想政治教育的理解和认同，最终使高校思政理论课教学效果得到较大幅度提升。学生在参与实践活动的时候，参与度越高，他们在思想政治课程中的主导作用也就越明显，对课程的认同度也会相应提高。同时，也有利于提高学生学习兴趣，增强他们促进社会发展的责任感和使命感。在新的时代背景下，大多数的高校学生有着十分活跃的思维，优秀出众的实践能力，并且他们内心深处渴望展现自己。高校应该积极利用这一契机开展实践教学活动，但是小组讨论等较为传统的实践教学方法，会将学生内心的独特感受所忽略，容易削弱和降低他们的主体性，导致一些学生被迫接受实践任务，最终在他们的内心深处会逐渐降低对实践教学的心理预期。因此，需要对高校思政课实践教学模式进行积极的创新与改革，将大学生主动探究学习的积极性激发和调动起来。大多数的高校学生在思政课的传统实践教学模式下仅是单纯、简单地表层分析，或者进行直接的复制和拼接，类似于完成特定任务一样，十分匆忙地将实践教学结束。如果这种情况持续下去，可能会导致一些学生对思政课程产生不好的印象，如守旧、枯燥等，严重的甚至对课程产生反感，更不用说感受到学习的乐趣了。

高校教师在开展思政课实践教学的时候，应当以学生为核心，让他们成为实践教学过程中的主要参与者，使他们成为主角，这样既能激发学生对学习的积极性和主动性，又有利于培养和提升他们在分析、解决问题方面的能力，从而更好地适应社会发展。在高校思政课教学中将微电影引入其中，并将其作为一种教学方法是非常合适的，该方法主要是以充分满足学生的真实需求为核心，并且将学生在实际认知方面的能力作为具体的评价标准，专注于解决学生在学习和日常生活过程中遇到的各种真实问题。除此之外，还可以在情感方面与学生产生共鸣，并且在思维层面上产生激烈的碰撞。教师与学生在思政课微影片教学中，彼此之间通过平等交流与互动，共同创造一个完整和谐的课堂氛围，并且学生在实践中的角色是主角和导演，能够将自己的个性展现出来，思政教师虽然也是参与者，但主要作用是引导，引导并促使学生积极参与实践，实现教与学的有机结合。在思政课的微电影教学过程当中，学生可以亲自参与实践，深度体验和感受学习的乐趣，这不仅可以培养他们的问题意识，还能锻炼和提升他们对复杂情境仔细观察与冷静分析的相关能力，从而促使学生在综合方面的素养和能力得到全面提升。

（二）有利于帮助大学生获得对知识的体验

在学生掌握新知识的全过程中，体验知识起到了至关重要的作用。尽管如此，传统的教学方法并未将学生对学习的热情充分有效地激发出来，并且促使他们参与到实践活动当中。因此,在实践中,很多时候学生在学校和教师的压迫下只能被动地接受,而不是主动地去探究,这种强迫式的参加并不能让学生对实践教学背后的涵义进行真正认识,启发和思考更是无从谈起。同时,这也是导致高校思政课实践教学效率不高,无法实现教学目标的原因之一。因此,当前迫切需要对新的实践教学方法进行探索。

得益于互联网以及新媒体的快速崛起,微电影随之诞生。微电影以其短小精悍、内容丰富等特点深受学生的喜爱。以微电影教学的方式来开展高校思政课教学,可以让学生更加直观地了解和认识所学知识,有效提高教学效果。在思政课微电影的教学过程当中,学生若想制作出高品质、高水准的作品,必须从三个关键方面入手:一是,高校学生应该充分认识、理解并深度思考课程中比较抽象的理论知识,这是确保作品具有思想深度的重要前提;二是,学生应该根据自己的观察和体验,以一种巧妙的方式把课程中的抽象理论知识与日常生活相结合,寻找两者之间的完美结合点,并且以此为基础进行主题创作;三是,学生要亲自体验整个拍摄过程,并通过实际行动再次深入体验以及感悟思政课中所学的理论知识,从而全面提升思想水平。随着思政课微电影创作的逐渐完善,其在教育学生方面的效果也将随之增强,进而促进思政课教学质量的进一步提升。

(三)有利于提高大学生的综合实践能力

第一,站在自由分组的层面看,高校学生拥有相当大的决策自由,他们能够挑选优势互补的同学,组建在实践方面有较强能力的团队。因此在教学实践当中,很多思政教师都会采用此种教学方式,一方面能激发学生对思政课学习的兴趣,促进他们积极、主动探索知识,快速提升教学效果;另一方面不仅锻炼和提升了他们的识别技巧,还显著地加深了同学间的友情,进一步培养和增强了他们的团队合作精神和能力。

第二,确定主题有助于学生构建思政课理论知识与实际应用之间的连接,从而提高他们在知识转换以及应用方面的技巧。通过明确任务的职责分配,能够对学生的策划、表演等才能进行深度挖掘。学生在创作或者修改剧本的过程当中应该站在艺术审美的层面,这不仅能加速他们对剧本专业知识的深度掌握,还能将他们的创造能力进一步激发出来。

第三，视频的剪辑、配乐等属于思政课微电影的后期制作，它能够使学生了解、认识很多之前没有接触到的新鲜事物，跟随新时期发展的步伐，帮助他们掌握相关技能。

高校学生在制作思政课微电影的全过程中，无论是在思想层面还是在实践能力方面，均得到有效的洗礼和提升，所有的参与者都会收获满满。

（四）有利于培养大学生的创新意识和艺术修养

高校学生被视为年轻一代中的领军人物以及先锋，因此高校有责任和义务通过多种方式提升他们在创新和创造方面的才能。在思政课堂中融入新型微电影教学方法，既可以增强教学效果，又能提高学生的学习积极性与主动性，但是该教学方法要求学生有一定的创新意识。在微电影的剧本编写以及镜头制作的过程当中，学生能够最大限度地发挥他们的想象力，从而激发出他们无尽的创造性潜能。思政课微电影教学为高校学生创造了一个展示才华的平台，使他们能够通过这一平台将自己卓越的创造才能充分展示出来。

众所周知，艺术源于和生长在民间，为广大人民群众提供更多、更好的服务是艺术最崇高的目标。将艺术与生活紧密地结合起来，可以让艺术走进课堂、生活，并逐渐融入人们的日常生活之中。微电影属于艺术的一个分支，在思政课微电影的创作中，设计、服装等均体现了其独有的魅力和艺术性。对于那些缺乏艺术背景知识的学生而言，微电影的创作既是一个难得的机会，也是一个巨大的挑战。思政课微影片的创作，既要有美学价值，又要符合教育内在规律以及高校学生身心的发展特点，使之充满吸引力、感染力和说服力。通过制作思政课的微电影，能够使学生在审美方面的需求得到充分满足，从而培育和提升他们在审美方面的兴趣和修养。这种方式一方面体现了思政课微电影在美育方面的独特作用，使其在培养人的情感方面超越了艺术价值，另一方面还能够让高校思政课程真正成为学生喜欢的一门课程。

（五）有利于培育大学生的社会主义核心价值观

在高校思政课的微电影教学过程当中，正确的价值观可以起到十分关键的指导作用，同时还能在潜移默化中全面培养学生的正确价值观。学生能够从心理上接受并在行动中践行这种崭新的实践方式。一部具有价值性、思想性的微电影的诞生，需要创作者在每一个环节都倾注大量的心血。基于此，在制作思政课微电影的整个环节当中，剧本的编写是十分重要的环节，学生在编写之前需对资料进行广泛收集、有序整理并加工。学生在这一过程当中可以培养和提升自身信息甄别以及独立思考的能力，最终逐渐形成正确的价值观。同时，学生在思政课微电影的拍摄过程中还可以通过自己的表演，将自身的独到见解、观点以及想法真实地表达出来。身边的平凡人和平凡事都能够引起其共鸣、直击其灵魂，使其产生浓烈的爱党、爱国情感，进而有利于培育其社会责任感，并且让他们对社会主义核心价值观有更深入的理解和体会。当思政课微电影制作完成之后，学生们可以借助先进的网络平台来积极宣传和广泛传播这些高质量、高水准的思政课微电影，从而最大限度地发挥其教育价值，吸引更多学生的注意力，并积极参与其中，最终确保社会主义核心价值观深入所有人的内心。

三、高校思政课微电影教学的应用原则

（一）第一课堂与第二课堂相统一的原则

为了制作一部既深入理论又富有趣味性的思政课微电影，必须始终坚持的原则是第一课堂与第二课堂的完美融合。思政课微电影教学的核心目标是借助不同手段使学生通过实践对学到的知识有着深层次感悟，对人生有深刻体会的同时，进一步优化和提升自我，从而更好地服务于思政课的立德树人目标，同时这也是高校将思政课微电影作为新型教学方法并加以研究的原因之一。学生在制作微电影的过程中会基于教师在第一课堂上所传授的理论知识，将微电影的各种形式以不同方式灵活应用到第二课堂的实践之中。思政教师能够选择一些在第二课堂中制作的高质量、高水平的作品，并且在课堂上播放，使第二课堂反哺第一课堂，实现两者的有机结合。可见，在高校思政课微电影教学中唯有严格遵循第一课堂与第二课堂融合的原则，微电影教学才可以实现真正意义上的为思政课服务，并为学生带来实际益处。

（二）内容为王与形式为辅相统一的原则

学生在创作思政课微电影的过程中需要严格按照高校思政课的教学大纲来操

作，确保微电影与课程内容要求高度一致的同时，始终坚持并强调内容的重要性。若学生在具体实践中过于注重呈现形式，忽略了高校思政课的教学大纲所要传达的核心思想，那么会导致高校思政课微电影教学本末倒置，流于表面，显得空洞无物。只有在高校思政课微电影教学中将内容和形式相结合，才能够达到寓教于乐的效果，所以为了充分确保微电影和高校思政课的实践教学，两者能够有机结合在一起，应该严格遵循内容优先、形式为辅的教学原则，唯有如此才可以让思政课微电影的潜在价值和作用充分发挥出来。

（三）教师主导与学生主体相统一的原则

为了充分发挥高校思政课微电影教学的潜在价值，并且将教师和学生参与的主动性、积极性激发出来，也应该始终遵循教师主导与学生主体的重要原则。思政教师在教学中应该明确自己在教育中的主导角色，积极转变自己的教育观念，即从"教书匠"逐渐向"引路人"的方向发展。另外，思政教师也应该明确自己承担的责任和义务，在新时代的发展背景下对自身的技能库以及知识库进行不断的丰富和更新，以便能作为学生成长过程中重要的掌舵人，为思政实践教学提供更多、更好的服务，最终全面提高思政课的教学质量。从学生的角度来看，他们应该清晰地认识到自己的主体地位，借助不同的手段将自身的内在驱动力进一步激发出来。通过观看高质量的思政课微电影来培养和提升自身的认知与综合素质，明确自己的主体地位，在潜移默化中实现由配角向主角的转变，调整自己的专业修养与心态，对专业优势进行充分的灵活运用，将其潜在价值充分发挥出来。与此同时，以一种巧妙的方式把思政课微电影同自己的专业知识有机地结合在一起，运用多元思维的方式来积极学习和深刻理解高校思政课程内容，有效培养和提升自身的综合能力。由此可见，在高校思政课微电影教学中对教师与学生之间关系进行恰当的平衡，才可以实现教和学统一和谐的目的。

（四）相互借鉴与守正创新相统一的原则

相互借鉴主要指的是在思政课微电影教学的过程当中，思政课教师可以对成功的经验进行适当参考和借鉴，只有从高质量的思政课微电影提取出珍贵的"精华"并适当参考和借鉴，才可以促进自身的健康成长，实现"物尽其用"的教学目标，并且推动高校在思政课微电影教学中进一步发展。

守正创新意味着高校在开展和组织思政课的微电影教学中，必须始终坚持对马克思主义"正"的基本立场，并以此为基础持续性地创新微电影教学的"新"，因为只有这样才可以真正实现高校思政课微电影教学的改革与发展。由于马克思主义的核心观点构成了高校思政课所有实践活动的根基，就某种程度来说也是创新实践方法的起点以及基础理论支撑，因此在高校思政课微电影的教学过程中，思政教师的首要任务是守正，然后才可以创新。教师在进行创新活动时，应该积极营造一个教师和学生可以平等互动和交流的良好环境。将微电影作为一种新型的教学方式，使思政课教学大纲的知识以更为直接的形式，生动地展现在学生的视野中。

综上所述，互相借鉴的重点在于吸取有价值的实践经验，守正创新则是在坚守核心实践观点的同时，积极寻求有效的创新实践方法，二者相互促进，共同构成了思政教育活动中的一种新思维和行为模式。在高校思政课微电影教学中将互相借鉴和守正创新有机结合在一起，一方面可以促进其快速发展，另一方面也可以使学生在实践方面的技能和能力得到持续性的有效提升，从而让学生得到更好的发展。

第三节　高校思政课教学中 VR 技术的创新应用

一、VR+ 思政课教学的应用背景

随着科学技术的发展，出现了 VR（virtual reality 虚拟现实）技术，它是应用技术的一种，不仅具有创新性，在教学方面也具有十分明显的优势，可以使学生沉浸于不同的虚拟教学情境之中。在高校思政课教学过程中引入虚拟现实技术，不仅符合时代发展的潮流和趋势，还可以促进教育的发展，具有很大的潜在研究意义和价值。在虚拟现实技术的背景下，高校思政课教学模式的诞生与发展方向是一致的。当前，我国高校思政课教学改革与创新，在虚拟现实技术的影响下面临着前所未有的机遇和挑战。随着时间的推移，在之后的改革和创新中将不断加强在"课程思政"以及"思政课程"方面的系统化建设、线上线下教育结合等多种教学模式的实施。注重课堂教学的实效性、教学内容的新颖性，始终坚守以人

为核心和"立德树人"的教育理念，从而构建一个多形式的课程体系。

在虚拟现实技术的背景下，为了达到高校思政课教学的最佳效果，内部的各个环节都需要紧密合作，确保不被弱点所束缚，避免因小失大。从当前形势来看，高校思政课教学改革与创新已经取得一定成果，尤其是高校思政课教学将虚拟现实技术引入其中，起到了十分重要的促进作用，可以说是我国众多高校思政课教学改革、发展与创新中的核心部分。除此之外，5G 技术的快速兴起，也在某种程度上为虚拟现实背景下的高校思政课程的创新，提供了坚实的网络技术基础。

二、VR+ 思政课教学的应用优势

（一）打破时空维度，节约教学资源

高校思政教师在开展实践教学的时候，经常遇到时间和空间的限制、严重浪费教学资源、经费不足等一系列问题和挑战。在高校思政课教学中引入虚拟现实技术，通过制订科学、合理的教学方案，可以摆脱时间和空间的束缚，还能对教学资源进行充分的有效运用。在思政教学中运用虚拟现实技术，它主要以真实为基础、虚拟为手段，通过对学生多种感官刺激，产生交互体验，让他们置身于更加真实的虚拟世界当中。还可以打破现实世界中的时空限制，从而达到提升教学效果的目的，更加高效地完成教学任务。相较于传统的实践教学方法，将虚拟现实技术引入其中，可以为其提供更多的便利性，实现了对教学资源的充分利用，减少了教学资源的浪费，同时还可以在实践教学中让学生产生身临其境的感觉，在一个较为真实的教学环境中学习和掌握教师所传授的知识信息。

（二）内容丰富，教学效果显著

时代的演变和科技的快速进步，使得虚拟现实技术在其影响下创造出来的虚拟环境不仅更加逼真和人性化，还有一定的信息性。虚拟现实技术是一种以计算机为基础，并且综合运用多种高新技术于一体的新型人机交互手段，可以让使用者在构建的虚拟环境中，更加真实地体验到现实生活中的景象。思政教师在教学中运用虚拟现实技术，可以对书本中的事件或者主要人物进行模拟，通过对客户端的一系列操作，可以更加有针对性地科学引导学生参与到课堂教学中。同时，

还可以将教学中枯燥的理论知识以更加直观形象的形式展现给学生。在教学中通过虚拟设备的灵活运用，学生能够同历史上的人物进行对话，或者参与到某一历史事件之中，使教学过程变得更生动和形象，促使学生对知识产生非常浓厚的兴趣。虚拟现实技术在思政教学中的充分运用，和数据库有着不可分割的联系。学生在虚拟情境之中借助虚拟设备对信息进行检索，在思维方面产生灵感的同时，也可以使自身的动脑和动手能力得到进一步的提升。此外，思政教师教学中借助虚拟现实技术，能够使理解难度较大、比较抽象的教学内容，变得更具体化，将思政课生涩难懂的理论知识内容，转变为学生易于理解的图片和文字，从而降低学生的学习难度，增加学习的乐趣。

（三）迎合学生特点，使教学更接"地气"

高校思想政治课程实际上是在"年轻人的思维中建设"的，因此必须充分考虑到年轻人的独特性，将其作为核心与主体。由于"两微一端"技术的发展和广泛传播，年轻人的生活习惯和方式在互联网以及移动新媒体的深入影响下，正在发生不小的变化。现如今，传统的教学方式已经不能满足当代学生对高校思政课的要求，通过把虚拟现实技术融入其中，可以培养和提升他们的实践和思考能力，简单来说就是在动脑和动手方面的能力，还可以持续地调动他们对思政课程学习的强烈兴趣，并最大限度地激发他们在思政课堂上的热情、主动性和创造力。除此之外，虚拟现实技术和高校思政课的有机融合，打破了以前传统的单一教学模式。教学中应始终坚持以人为中心的教学理念，将学生作为教学的中心和主体，在潜移默化中把"以师为尊"的教学方式成功转变为"师生双主体"的教学模式。在高校思政课程教学中引入虚拟现实技术，可以使教师能够实时掌握和全面了解学生的学习动态，促进教师和学生的良性互动，构建更加互动平等的良好学习环境和氛围，最终使课堂更具活力，同时也更加接"地气"。

（四）降低教学风险，均衡教育资源

虚拟现实技术与高校思政课程教学的有机结合，打破了时间和空间的束缚，即使是足不出户也能完成思政课实践教学。教师在教学中通过构建"虚拟"与"现实"相结合的教育环境，使思政课的教学质量得到快速提升，是一种行之有效的

方式。基于虚拟现实技术的思政课堂形式，与跨区域的实践教学形式相比，前者的可控性更强，能够降低和减少意外事件的发生概率，同时也能尽可能把诸多潜在的风险降至最低水平。另外，虚拟现实技术能够对不同地域和高校的教育资源优势进行平衡，实现教育资源的共享，最终推动教育不断向着均衡和协调的方向健康发展。

三、VR+思政课教学的实施原则

（一）思政内容为体，VR技术为用

技术存在的主要目的是为内容提供更多、更好的服务，这既是根本，也是基本原则。众所周知，虚拟现实技术具有沉浸性、交互性等特点，应用在思政教学中能够充分满足学生在情感体验方面的不同需求，激发他们学习思政的积极性。在高校思政课堂中引入虚拟现实技术，使两者完美融合，有助于弥补教学过程当中存在的缺陷，同时还致力于教学效果的提升，并且以此为基础对新的教学形式和思路进行积极探索和创新。在虚拟现实技术和高校思政课结合中，应该遵循内容为主、技术为辅的实施原则，因此应该对其所占比重进行合理控制，避免出现舍本逐末的局面。

（二）思政教师为主，VR技术为辅

教师在教学中占据十分重要的地位，更是高校思政课教学主体中的参与者，可见教师在其中的关键作用是显而易见的。随着高校对思政课重视程度的提高，虚拟现实技术开始引入思政课堂教学中，用于更好地辅助教学，并将其作为教学的关键途径和工具。我们都知道，思政教师在课程教学中充当引导者的角色，应该在学生学习中给予适当的正确指导和帮助。需要注意的是，当思政教师借助虚拟现实技术来辅助教学的时候，应该对其优缺点有充分的认识，以便在应用的过程中能更好地将其潜在价值和作用充分发挥出来，从而达到实现最佳教学效果的目的。

（三）实现形式多样，贯穿课堂始终

随着时代发展和科技进步，"互联网+教育"逐渐成为一种流行趋势，受到

了极大的欢迎。由此可知，在这种大的发展背景之下，将信息技术融入高校思政课之中已经成为一种必然的选择和发展趋势，其中虚拟现实技术就是非常典型的代表。在高校思政课教学中引入虚拟现实技术，并对其进行灵活、广泛的应用，有助于促进思政教育和科学技术的有机融合，从而促使高校思政课实现良好的教学效果。如果高校想要使思政课的教学形式更加多样化，就需要采用 VR+ 思政课的教学形式，形成新布局、新实效的高校思政课教学形式，同时在教学中坚持和认真贯彻这一形式，致力于构建新时代背景下的 VR+ 思政课教学课堂。

（四）实时检测实效，技术运用有度

在构建基于虚拟现实技术的高校思政课教学体系的过程中，必须明确教学的目标、学生在课堂上的体验和收获，等等。基于此，在组织和开展思政课教学工作的时候，高校应当高度重视并努力建立一个既合理又实用的实效性检测机制。同时，VR 技术融入高校思政课教学要把控一个"度"的问题，技术要永远服务于教学，这个原则不能变。

四、VR+ 思政课教学的创新思路

（一）VR+ 思政课堂教学的创新实现

首先，应该搭建以线下为基础，以虚拟现实技术为导向的思政课程教学。高校致力于创建一个现实版的高质量、高水平的基于虚拟现实技术的思政课教学模式，深度挖掘并灵活运用虚拟现实技术在教学中的优点，为其提供充足的资金支持，不断加大在硬件方面的建设，为课堂打造一个良好的文化氛围。与此同时，对思政课的教学理念进行不断的创新，紧随时代发展步伐，努力构建一个全新的思政课课堂，从而在新的时代背景下，确保虚拟现实技术和高校思政课堂教学两者的有机结合。

其次，构建一个结合线上和线下的基于虚拟现实技术的思政课的课堂教学模式，并将其打造成高校思政课堂新业态。时代在进步，科学在发展，基于虚拟现实技术的高校思政课在课堂上展开教学的时候，应该保持与时代同步发展，积极构建多层次、多领域的线上、线下协同发展的新教学模式。

(二) VR+ 思政实践教学的创新实现

首先，借助多种手段，实现现场实践教学和虚拟实践教学的有机结合，两者之间实现互补。现阶段，高校思政理论课教学中存在不少的问题，如理论知识脱离日常生活和社会，降低了思政课的教学效果。高校开展思政课的核心宗旨是确保学生能够充分掌握以及深入理解教师在课堂上传授的理论知识，让学生不断地思考和领悟，并且将其应用于日常生活和学习之中。高校通过对思政课课堂传统教学模式和方法的一系列改革与创新，将虚拟现实技术引入课堂教学之中，可以吸引学生的注意力，调动他们对学习的浓厚兴趣。例如，思政教师在组织学生参观纪念馆和博物馆的实践教学活动当中，能够通过虚拟设备创建的虚拟环境，对现实生活中的纪念馆和博物馆进行沉浸式的体验，从而深刻感受到自己在真实与虚拟世界中的不同体会，最终做到观有所感、学有所获。

其次，对基于虚拟现实技术的高校思政实践教学进行优化和创新。基于虚拟现实技术的高校思政实践教学的内容设计和制作，是不断变化的，并非固定不变。因此，高校应该在已有的实践教学基础上，与历史事实有机结合在一起，对思政课的教学内容进行有序整合以及积极创新，从而创建独特且内容丰富有趣的课程。

(三) VR+ 课程思政教学的创新实现

首先，要利用高校思政课程的相关性。在多个学科之中，我们可以观察到它们彼此之间既有共性又有独特性，知识内容之间也存在着相关性。高校要利用课程之间的共性，将 VR+ 课程思政教学融入不同课程中，为不同的课程增添思政教育的内涵，增强课程的学理性、教育性。

其次，辨析课程的区别性。只有当教师对其进行深入的研究，他们才可以认识到课程与课程之间存在的差异性。鉴于不同学科的差异性，思政教师在开展教学的过程中应该将基于虚拟现实技术的课程思政教学，有机整合到各自的课程体系之中，同时与本课程的思政教学内容相结合，唯有如此才可以真正实现教学的最终目的。

第四节　高校思政课教学中"云课堂"的创新应用

一、"云课堂"在高校思政课教学中的优势

（一）突破空间限制，覆盖范围广泛

随着互联网技术的发展，诞生了一种全新的授课模式——"云课堂"，它以互联网技术为基础，把课堂上的教学迁移到云端，可以说为高校思政课的教学进一步拓宽了范围。通过对高校思政课教学现状的综合分析，以此为基础构建高校思政课的"云课堂"教学模式。在这一模式中只要是注册并获取授权的学生，均能够获取学习资料，这样不仅提高了学生的参与度，同时也使课程资源得到充分的高效利用。

就本质而言，"云课堂"实际上是思政教师在教学过程当中的辅助工具，能够为他们提供丰富的教学资源，突破时间和空间的束缚。思政教师和学生在以前传统的思政课教学模式之中，彼此之间的相互交流和沟通，通常情况下是在教室内完成的。然而，基于"云课堂"的高校思政教学模式，依托先进的互联网技术，成功摆脱时间和空间的束缚，更加实时、便捷地向学生推送适合他们的学习资料，并且还能对学生的实际学习进度进行及时检查。

（二）突破时间限制，弹性直播回放

以前传统的高校思政课程，学生尽管能够在课后对课上所学思政知识内容进行复习，然而真正想要回到当时教师教学的情境之中是无法实现的。基于"云课堂"的高校思政课教学的重播功能，则为这一问题提供了合适的解决方案，无论学生处于何时、何地，只要有移动设备，如手机、平板电脑等，就能够重回当时思政教师教学的情境之中，并且结合遇到或者无法理解的问题进行深度思考和学习。就思政教师而言，他们能够通过"云课堂"了解每一位学生的学习情况和进度，以方便对自己的课堂教学内容作出及时调整。"云课堂"作为一种全新的教学模式突破了时间束缚，使学生也可以在课余时间对思政课堂进行深度感悟，同时通过多次观看，使学生自身在理解方面的能力得到进一步提升和发展。

（三）提高学习兴趣，增强学习效果

高校思政教师在"云课堂"中，能够按照不同学生的实际需求，采用不同的方式，将思政课的枯燥、单调的理论知识转变为学生喜欢的形式，引起他们的关注，如"直播课""微视频"等，使高校思政课变得更加生动有趣。"微课+直播"这种教学形式适合高校思政课教学，在思政教学中将直播引入其中，学生可以在轻松、娱乐的教学环境中展开学习，同时使学生对思政课有更深的理解和体会。例如，"为加强大学生思政教育，桂林航天工业学院'马老师来了'系列实景云课堂2023年2月如期上线，创新性地将理论宣讲、实景、线上直播三者相融合，打造教学内容具象化、教学难点情境化、教学互动一体化的沉浸式实景思政课，让思政课变得有'知'又有'味'。"①

二、"云课堂"在课程教学中的应用现状

（一）"云课堂"在课教中应用的好处

1.促进高校师生的共同成长

学校要以学生的发展为本，紧紧抓住"情感教育"这一线索，以情感人，用情育人，最大限度地开发学生的潜能，全面发展学生的素质，为学生的可持续发展和终身发展奠定基础。"云课堂"上线后，高校更是要在原有的基础上，充分利用信息化手段，关注学生的个性发展，以达到教育教学效益的最大化。因此，"云课堂"的实践促进了高校师生的共同成长。

（1）"云课堂"——学生喜欢的学习场

"云课堂"培养了学生的问题意识，使学生学会了求知、求同、求异。教师在精心组织"云课堂"教学的过程中，非常重视培养学生的问题意识，因此在教学中会重点培养学生独立发问的意识和能力，以及质疑的勇气和习惯。

"云课堂"培养了学生的合作学习能力，使学生学会思考、倾听、交流。在"云课堂"教学中，教师重视培养学生的合作学习能力。通过合作学习与探究活动，学生解决了学习中的疑问，学到了更多相关的知识。同时，学生的综合能力与素

---

① 新浪财经.云课堂让大思政有"知"有"味"[EB/OL].（2023-02-28）[2023-06-25]. https://finance.sina.com.cn/jjxw/2023-02-28/doc-imyifekc4802285.shtml?cref=cj.

质也有所提高。另外,"云课堂"还能增进伙伴间的情感交流,培养学生的团结协作精神。

"云课堂"培养了学生的信息素养,使学生学会收集、选择、运用信息。教师在指导学生完成拓展与探究型作业时,可以鼓励学生使用各种信息技术,让学生在实践中提高信息素养,提高收集、选择、运用信息的能力。同时,各种基于"云课堂"开发的课程、设计的活动丰富学生的学习生活,并与学校原有的情感教育结合,找到了新的生长点,同时满足了学生的成长需求。

"云阅读"平台是在"云课堂"大背景之下研发的能够记录下每个班级以及个人借阅数据的平台。学生来到彩云图书馆借阅书目,"云阅读"平台便会在后台记录下每一位学生的借阅数据,如借阅时间、借阅书目和书目数等。同时,"云阅读"平台还会将同一个班级的学生数据归在一起,自动生成以班级为单位的借阅数据表。教师可以随时通过"云阅读"平台调取整个班级的借阅数据,宏观地了解班级的阅读情况。当有个性化需求时,教师还可以输入学生的姓名,调取某一位学生的借阅记录,了解个别学生的阅读兴趣,便于对学生进行个性化的阅读指导。

(2)"云课堂"——教师的专业成长平台

学校是教师"大展拳脚"的主阵地,在进行"云课堂"探索的今天,高校需要对教师团队的组建和培养给予高度的重视,唯有如此才可以实现健康有序的不断发展,并且为全体师生的终身发展打下坚实的基础。

"云课堂"的理念是为学生提供随时、随地、随需的学习空间,而教师也在这样的空间里不断拓宽知识领域,提升学习能力。思政教师想要对"云课堂"的概念进行更准确的理解和认识,应该对其开展深入的研究和积极的学习,将掌握的知识巧妙地和自身专业融合在一起,提出合适的建议和方法,然后逐一进行实践探索。

"教学研究月"活动就是指全体教师在为期一个月左右的时间里围绕研究的主题选择适合本学科和自身特点的研究专题,开展形式多样的研究活动,通过研究提高教学质量,提升专业水平。"云课堂"实践开展后进一步丰富了"教学研究月"活动的内涵,拓展了"教学研究月"活动的研究范围。教师在一次次汇报、展示中,将所学的信息化知识与自身专业相结合,提出了很多富有创造性、建设性的意见和措施，进而去一一探索、实践，从而不断拓宽知识领域，提升学习能力。

2. 促进课堂教学的初步转型

通过收集、分析学生的各类数据，总结出推进"云课堂"的策略，具体如下：

第一，从应对式改进走向按需式改进。就本质而言，教学改进实际上是整个教学过程中不可或缺的关键环节，大多数情况下是在教学活动结束之后才实施改进的。一旦某个学生或者班级产生问题，思政教师就能够对教学内容进行及时调整与补充。目前，思政教师可以对生成的数据进行深度分析，从而在教学重构过程中及时提出更加合理的优化建议，使教学设计更具科学性和客观性。

第二，从教法改进走向学法改进。在研究之初，"云课堂"要求教师能够在实践中改进教学方法，全面了解学生的个性特点，把握因材施教等教学原则，提高课堂效益。随着研究的逐步推进，在应用"云课堂"的时候，对学生也有一定的要求，简单来说就是为了与不同的学习主题相适应，学生应该对自身的学习方法进行持续的灵活调整，从而不断增强自己在学习方面的技巧和能力，更好地掌握和应用所学知识。具体到教学实施的各个环节，"云课堂"的成效表现在以下方面：

（1）教学目标由以学科知识为重点转向以学生需求为先

一是基于教师团队的教学目标。教师在教学目标制订中，将学生容易把控的对学科知识的掌握、技能的习得作为研究重点，忽略了学生的差异和需求，于是便出现了不同班级的教学目标、教学策略、教学过程完全相同的现象。解决这一问题的关键在于准确地分析学情，明确学生究竟需要学什么、怎么学。

二是基于"数据分析"的教学目标。"云课堂"是在"云计算""大数据"的基础上产生的。"大数据"在教育领域的应用越来越引起人们的关注。思政教师在教学过程当中全面分析学生学习中产生的数据，一方面可以为思政教师提供有重要价值的参考依据，甚至为学校管理提供科学的参考依据；另一方面教师也能够对学生的学习进度和完成情况进行合理的评估，以便及时发现学生在学习过程中遇到的难题，甚至据此对他们未来发展的可能性进行科学预测。随着"云课堂"的开展，学生在学习过程中会产生一定数量的数据。新开发的"云设备"会不断采集各种数据。而这些数据全部来自现代技术的客观记录，运用一定的科学方法对这些真实数据进行分析，能够帮助教师实现对学情的客观把控，使制订的教学目标更贴近学生的实际情况。

（2）教学实施由以教为主转为以学为重

"云计算"和"大数据"等现代技术的引入，"云平台"的构建，"云系列"设备的诞生，使这一先进理念在教学中的应用更加深入，使教学实施由以教为主转为以学为重。

①翻转课堂，教学起步于学生的实际情况

翻转课堂作为教学模式的一种，主要是对课堂上和课后的时间进行合理调整，将学生被动学习转变为主动学习，学生在这一教学模式中占据绝对的主导地位。对于翻转课堂这种全新的教学模式，"云课堂"并不是照单全收。"云课堂"依据学生的认知水平和年龄特点，打造了适合学生学习的翻转课堂教学模式：网上自学、前测（确定起点）—解决问题、中测（确定达标）—拓展学习、后测（确定结果）—布置作业（分层要求）、辅导。

网上自学的内容一般不超过10分钟，主要以小视频的形式呈现，内容为本课学习的知识和技能，视频中教师的讲述、板书的要点与生动有趣的画面有机结合，吸引学生的注意力，激发学生的学习兴趣。学生可以根据自己的学习能力，确定观看的次数，在确认自己学会的基础上完成前测。

教师可以在平台上及时看到学生前测的结果以及相应的数据反馈，然后对教学目标、教学内容以及教学过程等作出调整，并且立足学生的知识基础，组织学生解决前测中出现的问题。

在课堂教学过程中，教师引导学生梳理学到的知识、技能的时间大大缩减，而学生之间交流的机会大大增加。解决学生产生的问题成为学习的主要任务，强烈的求知欲促使他们更加努力地学习，而学生之间的差异正好成为合作学习的前提，他们互补、互动，共同完成学习任务。中测的结果决定了拓展学习的难易度，使得学习的难易度适合每一位学生，从而不会让学生产生厌学情绪。后测让每位学生收到为自己量身定做的作业。在这一模式中，学生成了学习的主人，充分发挥了学习的主动性。

②及时反馈，教学生成于学习现状

"云课堂"实现了对课堂教学中学生学习情况的及时反馈，能让教师及时了解课堂练习的错误率、学生在练习过程中出现的共性问题等,生成了新的教学资源。错误率超过一定数值意味着学生学习遇到了困难。在传统教学中,由于不能准确掌握这一信息,教师常常会按照教学计划继续教学。一旦教学内容难度较大,一部分学生便会失去学习的兴趣。同样,对于学生已掌握的内容,如果教师还是一遍遍地去讲解,就会让学习变得索然无味,使一部分学生游离于学习之外。

无论是放慢速度,重新来过,还是按照计划,继续推进,抑或跳跃前进挑战极限,都应该根据学生学习情况的反馈作出调整。课堂中的及时反馈能让教学每一环节的推进都基于学生的学习现状出发,学生总能在"跳一跳"后摘到果实,这既能使学习过程始终充满探究的乐趣,也能使学生不断体验成功的喜悦。课堂因为学生的积极投入而变得生机勃勃。

③分层作业,教学促进了学生发展

在作业量已经非常合理的今天,为什么还会有学生觉得课业负担重,还会有意无意地逃避作业?长久以来,对学生的作业要求是整齐划一。学力不足的学生觉得难,不会做,是耗费时间;学力有余的学生觉得简单,不想做,是浪费时间。说到底,这是因为作业缺少针对性。

"云课堂"平台记录了学生在课堂学习中每一次练习的过程与结果,并且能够根据学生的基础题、拓展题和提高题的正确率,生成适合每位学生学力的作业单。学力不足的学生可以继续练习基础题,学有余力的学生只需挑战提高题,而中等学力的学生可以在拓展题外,尝试一下提高题。

有针对性的作业可以帮助不同学力的学生夯实基础、拓展知识、提高能力,从而满足了不同学生的需求,促进了学生的发展。

(3)师生关系由以教师为主导转向以学生为主体

师生关系是指教师和学生在教育、教学过程中结成的相互关系,包括彼此之间的地位、作用和态度等。师生关系是教育活动过程中最基本、最重要的关系。良好的师生关系,是提高学校教育质量的保证,也是校园文化的重要方面。良好的师生关系应该表现为教师和学生在人格上是平等的,其进行的交互活动是民主的,形成的氛围是和谐的。

①"云课堂"实现了教师面向全体学生

先进的教育理念引领着教师的实践,在日常教育教学过程中,受时间、空间的限制，要完全实现教师面向全体学生其实并不容易。在课堂教学中，受教学时间以及教学进度的影响，教师无法保证与每位学生进行互动。在课余时间，教师除了解决突发情况，进行个别辅导，很少有机会长时间地与学生交流互动。所以很多时候师生之间的了解还是浅显的，教师不一定能够深入学生的内心世界，触及学生的真正需求。于是常常会出现这样的怪圈：教师觉得自己是为学生考虑，但学生不一定理解教师的良苦用心；教师觉得对每名学生都关心到位了，可还有学生觉得没有受到教师的关注。

"云课堂"教学模式让教师能够真正地面向全体学生。在课堂教学中，教师可以通过手中的终端设备看到每一位学生的学习情况，使个别辅导更具针对性，让需要帮助的学生获得"及时雨"。即使教师在课堂上无法及时指导每一位学生，在课后也可以通过调阅平台记录的数据，准确地了解学生的学习情况，完成对学生的有针对性的辅导。

通过各类数据分析以及在日常教育、教学活动中对学生的观察，教师对学生的各个方面有了比较全面、客观的了解。建立在这种了解基础上的师生关系更加和谐。

②"云课堂"助推了学习共同体的形成

学校班级学习共同体是由学习者（学生）和助学者（教师）共同组成，以完成共同的学习任务为载体，以促进成员的全面成长为目的，强调在学习过程中以相互作用式的学习观为指导，通过人际沟通、交流和分享各种学习资源来相互影响、相互促进的学习集体。它更加强调人际心理相容与沟通，能在学习中发挥群体动力作用。

"云课堂"基于学生现有的学习水平和存在的问题，使师生在同一个平台上完成教与学。在"云课堂"上，学生的求知欲更为强烈，兴趣更为浓厚，而学生之间的个体差异让生生之间互帮互助，共同完成学习任务。通过"云平台"，人们可以随时提问，教师和学生均可成为助学者。这样的教学模式对教师的专业水平提出了更高的要求，因此"云课堂"所形成的一个班级或几个平行班级组成学习共同体，实现了教学相长。

③"云课堂"促使师生交流及时、畅通

要想建立良好的师生关系，教师必须与学生进行有效、畅通的交流，实现师生情感的互动。

"云社区""云阅读"等设备与软件都具备了留言、对话功能,教师和学生可以随时、随地、随需进行交流,他们既可以在群体中交流,也可以一对一交流。学生既可以选择在校与教师面对面交流,也可以在网络平台上与教师进行私密的谈话。教师也可以根据平台记录的学生活动轨迹、学习数据以及留言等,及时了解学生的思想动态、学习现状、兴趣爱好等,主动找学生进行交流沟通。这样的交流以了解为根本,以情感为基础,师生间心理相容,排除交流的障碍,在彼此信任的交流中产生正面反应,形成相互吸引的心理凝聚力,使课堂充满欢快活泼、和谐民主的气氛。

3.拓展学校课程的广度和深度

(1)优化课程实施,提高课程实效

在"云课堂"的助力下,学校不断优化课程实施,提高课程实施效果。在不断完善课程体系、保障课程落地实施的过程中,"云课堂"要求学校牢牢把握三个支点。

①更新教育观念是构建学校课程的出发点

在信息技术的大背景下,学校教育要突出一个"人"字,不能造成新的"信息孤岛"。学校要坚持把学生的发展放在首位,让课程贴近生活、走近学生。学校要以质疑的眼光、否定的态度、发展的思路对教学现状进行反思,并不断进行创新,鼓励教师乐思、勤思、善思,使教师不断改进教学行为,凸显教学智慧,追求教学成效。

②共研课程规划是实施学校课程的着力点

学校的课程规划是由多元化团队共同研究产生的,这个团队由课程决策者(校长)、课程设计者、课程实施者、课程评价者组成。学校的课程规划具有明确的课程目标,其以学生为主体,以教师为主导,而"云课堂"则强调制订多维的课程目标,夯实学科基础,使课程目标符合学生的个性特点。

③形成管理机制是实施学校课程的关键点

学校要积极打造课程改革的合作共同体,合作制订课程规划,分项目制订课程计划,明确相关人员的职责,为课程的实施、评价和调适打好基础,在实施过程中逐步完善申报、奖励、监控等机制。"云课堂"作为一种新型的助力途径,更加注重过程资料的积累。

（2）丰富课程内容，深化情感教育

学校积极探索将基础型课程、拓展型课程、探究型课程适度整合的途径和方法，构建由"陶冶心灵的情感教育系列课程""以生命教育为主题的系列课程""激发爱国情感的国防教育系列课程""融入生活的社会学习活动系列课程""提升综合能力的创新实践系列课程"等七个板块构成的系列化校本课程体系。尝试用信息化手段，创建随时、随地、随需的"云课堂"，以丰富课程内容，深化情感教育。

①基础型课程

"云课堂"基础性课程的精髓是"因材施教"，是在原有情感课堂的基础上，加强对学生的个别化指导，让每个学生都在原有的基础上得到提高。"云课堂"尝试依托平台，通过分析平台搜集的各项研究数据，为改进教学方式提供技术支持。学习分析主要对学生生成的海量数据进行解释和分析，以评估学生的学术发展，预测学生未来的表现，并发现潜在的问题。学习分析的基础是海量数据，对象是学生及其学习环境，目的是评估学生、发现潜在问题、优化学习过程。因此，学习分析的数据来自明确的学生行动，对数据进行分析和建模，有助于师生实现教学目标。

②拓展型课程

学校要设计学生感兴趣的拓展型课程，找准资优生的生长点，开发中等生的兴奋点，弥补学困生的空白点。以拓展型课程的"巧手坊"课程为例，该课程鼓励学生动脑、动手完成小制作，然后通过"虚拟成像"的形式来展示学生的作品，让他们感受到成功的喜悦，而增强现实技术的应用可以让展示讲解的形式更加生动有趣。在"云剧场"拓展课程中，学生学习了戏剧表演，并当了爱国主义教育基地的讲解员。利用信息化手段营造的虚拟背景能够灵活地变换场景，并形成互动，让学生很快进入角色，提高了学生的表演能力。几十门拓展型课程的开发吸引了更多学生参与其中，从而开阔了学生视野，丰富了学生的学习体验。

③探究型课程

为使学生得到更全面的发展，探究型课程为学生搭建了一个个平台，真正做到了让学生走出课本，走出教室，走出校园，走向社会。在探究型课程中，学生通过小组活动进行合作学习。小组成员共同查询资料，完成课题，并在课堂上向其他小组成员介绍自己的探究成果。这样的课程形式既激发了学生学习的积极性，又提高了学生的交流、合作能力,使学生在合作学习中共同进步。

(二)"云课堂"在课教中应用的问题

1. 依赖网络

"云课堂"的独特之处在于它依托先进的互联网技术,在云端将思政课完整地传授给学生,因此网络覆盖范围的大小,对学生是否能够上课起着十分重要的决定性作用。一方面,覆盖范围的大小是网络需要面临的一个核心问题和挑战。随着经济全球化趋势的不断深入,人们生活水平的不断提升,现如今在我国基本上能够实现网络的全面覆盖。在经济发达的区域,每一所高校均有自己的局域网,并且在每个教室里都安装了宽带路由器,成功实现了有线和无线相结合的双网模式。然而,较为偏远的山区因为地理位置所带来的局限性,网络信号相当微弱,导致学生在观看直播课程的时候存在不小的问题。另一方面,在线的学生数量同样会对直播课程的效果产生影响。一旦直播间学生数量超出了限定观看的人数,从而导致直播课堂出现卡顿的情况,这无疑会对教学效果产生负面影响。

2. 授课时间长

"云课堂"在高校思政课中的应用方式主要是教师直播和学生端听讲。在高校传统的思政课教学中,在有限的教学时间中,教师授课占据大部分的时间,剩下的时间用于小组讨论或者教师和学生之间的互动,所占比例并不高。然而,在"云课堂"的教学模式中虽然能够针对这一问题找到合适的解决方法,但是由于各种无法确定的因素,如既要确保教学进度又要保证与学生的有效互动,这直接导致授课时间的变长。

3. 学习效率不稳定

受限于微信、QQ等视频软件开发功能的限制,屏幕能够容纳的人数是有限制的。众所周知,高校思政课作为一门必修课程,学生人数非常多,所以无法通过此种方式授课。而"云课堂"的直播能够解决容纳人数有限这一问题,同时,"云课堂"直播还为思政课教学带来了一定的便利,即方便了思政教授的授课、课后作业布置,但是其也存在一定的缺陷和不足。思政教师在"云课堂"中统计学生的出勤率,大多数情况下是通过对线上人数的统计,然而因为思政教师无法与学生面对面授课,所以即便是出勤率已经达到一定的标准,但是很难对学生的学习效率进行监控。例如，一些学生在思政教师授课的时候仅是"挂线"状态；有的学生在刚开始授课的时候认真听讲，处于在线状态，但是可能过段时间就会离场等，思政教师是无法实时发现这些情况的。由此，怎样使学生的学习和听课效率在"云课堂"教学中得到充分保障，让高校学生从内心深处去接受和认可，成为思政教师所面临的问题。

4. 影响教学情绪

教师在高校思政课的教学活动当中的职责除了要向学生传授简单的书本理论知识之外，还应该利用自身的人格魅力去影响和感染学生。在思想政治理论课课堂教学中将"云课堂"引进来，虽然可以提高教学质量和效率，促进教师和学生之间交流互动，实现教学相长，同时学生通过直播画面可以直观地看到教师授课中的神态和表情，然而却无法使学生通过思政教师授课中语言、动作等一系列的变化，直观地感受和体会教师的内心情绪和情感变化。另外，从教师的角度来说，如果没有学生配合，自己的教学情绪也会受到一些影响，进而影响教学效果。

5. 未能改变传统方式

"教师讲授、学生学习"是高校思政传统的教学模式，高校为了改变这一传统的教学模式，将"云课堂"模式运用在思政课教学当中。虽然学生观看直播的人数较多，但由于学生对思政课的不重视，使得其对教师所讲内容并没有进行深入思考，仍然是单纯的学习。因此，传统的教学模式并没有得到根本性改变。

三、"云课堂"模式下高校思政课教学改革路径探索

（一）"云课堂"模式下高校思政课建设的优化路径

开设思政课的意义是在传授马克思主义理论知识的基础上，引导大学生承担社会责任。高校要坚持以马克思主义理论为指导，创新教学方法，让思政课通过"云端"深入学生内心。同时还要扩大网络覆盖面，在保证净化网络空间的前提下提升思政课教学质量，力图让高校学生树立正确的政治观、道德观。

1. 设置专门教育服务网址以保障教学

在教学期间网络时刻保持畅通是保障教学顺利进行的基本前提。网络是思

政"云课堂"的重要载体，保证网络状态良好是上好思政"云课堂"的基础条件。因此，解决网络问题是关键。相关部门可以考虑为有需要的学生安装专门的教育网络，以保证其能按时上课。另外，高校可以设置专门的教育服务网址，保证千万学生同上一节"思政大课"，而网络画面清晰、课程流畅更有利于达到教学目标。

2. 升级"云课堂"系统，保证教学效果

高校可以升级"云课堂"系统，使教师可以远程控制学生的学习界面，将思政课内容直接传给学生终端，保证学生学习内容的真实性。系统要支持线上课程签到、线上提问、线上交作业等活动，力图还原最真实的课堂教学模式。思政课堂需要在传授知识的同时做到理论联系实际，所以教师需要通过观察学生的行为等判断教学是否达到目标，因此升级"云课堂"系统是优化思政课教学的重要手段。

3. 树立正确教学理念，提高学生重视程度

思政课教师要树立正确的教学理念，提高对思政课的重视程度。思政课教师要了解当前国内外发展局势，掌握国家最新要求，善于引导学生从积极客观的角度看待问题。尤其是在"云课堂"教学中，教师要将教学内容和学生的实际生活联系起来。网络信息内容广、传播速度快，因此，教师要及时筛选教学信息，利用"云课堂"的优势把国内外的要事和日常小事等运用到教学中，保证思政课教学的时效性和实效性，让学生在分析实际问题的过程中发散思维、明辨是非，在日常生活中安全、合理地利用网络传播正能量。

4. 因地制宜，因材施教

全国思政课教材虽通用高等教育出版社出版的系列教材，但各高校自身所处的教学环境决定了它们面临不同的思政课教育现状。以医学类院校为例，在校学生大部分是医学生，所以公共卫生方面的先进人物事迹、正能量案例，都可作为思政课教师的生动教学素材。

另外，由于各高校的教学水平和质量参差不齐，学生的层次和学习能力也有所不同。思政课教师要在充分把握学情的基础上，合理分析学校的教学现状，并结合学生的专业特点和学科特点，有计划、有针对性地安排自己的教学内容。

5. 引才聚才，育才用才

办好思政课关键在教师，关键在发挥教师的积极性、主动性、创造性。思政课教师要给学生的心灵埋下真善美的种子，引导学生扣好人生第一粒扣子。因此，对大学生进行思想政治教育的关键在于提高高校思政课教师的能力与水平。

高校思政课不同于其他课程，高校思政课要求教师既具有高超的业务水平和教学能力，又具有强大的责任心。这就需要各高校既做到引才聚才，又做到育才用才。各高校应多发挥"传帮带"作用，使青年思政课教师在有经验的教师的帮助下快速成长为优秀教师，从而为高校培育更多的社会主义建设者和接班人。

6. 优化教学方法和教学手段

当下，思政课改革正处在攻坚期，各高校思政课教师应因势而变，因势而行，学习全国各高校"云课堂"的优秀教学案例。在今后的教学工作中，继续将传统线下教学模式同各类"云课堂"教学平台结合起来，做到思维新、视野广，努力更新知识体系，不断优化教学方式与教学手段，练就过硬的教学本领，最终实现全员、全过程、全方位育人。

（二）"云课堂"模式下高校思政课混合式教学模式的创新应用

随着信息技术的不断发展，"云课堂"模式越来越多地被应用在教育教学当中。对高校思政课进行基于"云课堂"的混合式教学模式改革，在思政课教学方法上进行创新，有利于提高高校思政课的教学实效。

"混合式教学模式"中的"混合"是传统的面对面课堂教学与网络学习的混合，是自主学习、协作学习、接受学习、发现学习的混合，是真实的教室环境与虚拟的网络环境的混合，是师生线下交流与线上交流的混合。混合式教学模式以学生为主体，以教师为主导，能够监控学生线上线下学习的全过程并对学生的学习情况进行反馈。混合式教学模式既能发挥线上教学的优势，又具备传统课堂教学的优点，是目前应用最广的信息化教学模式。

与MOOC等在线开放视频课程相比，"云课堂"实现了教学过程中教师的管理、师生的实时互动与学生的自主学习相结合。"云课堂"具有以下三方面的应用价值：

第一，教师身份由课堂的教授者变成了学习的管理者。"云课堂"为教学活动的开展提供了全面的在线教学管理功能,如智能考勤、学习进度监测、实时讨论互动、智能作业批阅、在线测验等。教师通过"云课堂"能对学生的学习过程进行实时控制和监管,真正成为"学习的指导者和促进者",这体现了教师在学习过程中的主导作用。

第二,突出了学生的主体地位,培养了学生参与学习的主体意识。与MOOC等在线开放视频课程相比,"云课堂"教学的各个环节都能体现学生的主体性。在课前学习阶段,学生通过"云课堂"平台完成对课程基础知识的学习;在课堂讨论阶段,师生通过讨论完成课堂教学;在课后巩固阶段,学生通过查缺补漏、完成作业和网络学习进行知识巩固。每个教学环节都体现了"以学为主",突出了学生的主体地位。

第三,实现了从"以教为主"向"以学为主"的转变。MOOC等在线开放视频课程的重点是将录制好的教师讲课的视频放到网上供学生学习,突出教师"教"的过程。"云课堂"提供的全面教学管理功能,使思政课教师能够参与在线课程建设与管理,通过对资源、作业、测试、统计、通知、论坛等多功能模块的管理,实现师生间的资源共享、实时交流与学习反馈,实现教学从"以教为主"向"以学为主"的转变。

1. 混合式教学模式创新设计

基于"云课堂"开展的混合式教学是以学生为主体的个别化教学。而程序教学是个别化教学的典型代表。依据程序教学原则的有关理论,设计一种基于"云课堂"的混合式教学模式。

(1)"小步子"与积极反应

"云课堂"所呈现的教学内容是根据知识结构进行划分的,前后各个知识点之间相互联系。学生完成的每个知识点的学习,都能为下一个知识点的学习做铺垫,而下一个知识点的学习是在前一个知识点的学习之后进行的。因此,知识点前后的难度系数相差不大,更容易让学生获得成功,进而激发起学生在线学习的热情。同时,学生在完成某个知识点的学习之后,"云课堂"能够为学生提供及时的测试,让学生从中获得成就感,以维持学生积极的学习状态,促使学生产生进一步学习的欲望,进而使学生始终处于一种积极参与的学习状态。

（2）即时反馈

在学生进行课前知识学习、及时参与测试和完成课堂发布的任务之后，"云课堂"平台将实时展示学生的学习进度、所获得的成绩以及答题情况等信息，以增进学生对自我学习状态的认知。学生在完成某个知识的学习或通过某项任务测试之后，即可跳转到下一个知识点的学习，这种跳转是一种反馈：告诉学生他已经完成了当前知识点的学习，能够参与下一个知识点的学习挑战。

（3）自定步调

"云课堂"平台允许每个学生在课前选择合适的速度进行学习，这样学生就有了自主学习和思考的时间，就更容易获得成功。在课上，教师可运用大数据技术对每个学生的课前学习情况进行可视化分析，以及时发现问题，调整和优化后续课程的教学设计，并为生成个性化项目实践任务和开展个性化教学提供依据。在课后，教师可依据学生的课前学习和课中任务完成情况实施过程性学习评价。

2. 混合式教学资源创新设计

掌握学习理论认为，只要给予足够的时间和适当的引导，所有的学生都可以掌握大部分内容。"云课堂"具有丰富的教学资源，可供学生反复学习，同时能够突破时间和空间限制，保证学生通过互联网随时随地进行学习。外国脑科学研究的10分钟法则表明，如果学生集中观看视频的时间控制在5—8分钟，则更有利于其对隐性知识的学习。科学地设置教学内容，安排好教学时间节点，让学生有节奏地参与个性化学习，是确保教学质量和提高学生学习效果的关键。因此，基于"云课堂"的混合式教学需要将课程的教学任务划分为连续的教学单元。每个教学单元包含一组小课，每组小课由一个个微视频串联起来，从而能够让学生系统地学习视频，有助于学生快速适应视频教学方式，进而提高学习效率。

3. 混合式教学过程创新设计

基于传统教学模式与"云课堂"教学模式在高校思政课教学中应用的优缺点，我们将传统教学模式与"云课堂"教学模式有机融合，充分发挥传统教学模式和"云课堂"教学模式的优点，规避各自的缺点。基于"云课堂"的高校思政课混合式教学模式分为三个阶段，分别为课前预习阶段、课堂讲授阶段和课后复习阶段。

(1) 课前预习阶段

课前预习阶段的教学在"云课堂"教学平台完成。

首先，教师通过推送思政课要解决的教学问题和与教学相关的教学课件、案例、视频等来引导学生进行课前预习，培育他们预习的习惯和自主学习的能力，并通过学生在"云课堂"教学平台上的学习打卡来进行预习考勤，通过学生在云课堂上的预习记录来给予思政课的平时成绩加分，进而激发学生的学习积极性。

MOOC类在线视频课程可以直接利用建好的网络课程资源，与之不同的是，"云课堂"则要求思政课教师自主建立课程学习平台。思政课教师需要登录"云课堂"教学平台自主构建网上课程，并在课程平台发布教学要点、传递学习资源、设计预习思考题、发起学习任务，让学生自主学习，为学生的课前学习做好铺垫。教师在自主构建课程、传递学习资料、进行课程教学管理时，能够根据学生的实际情况进行设计与取舍，突出教师的主导性。

其次，学生借助手机、电脑等移动终端设备，突破时空的限制，随时随地开展自主学习。当在课前学习过程中遇到疑问时，学生可以马上在"云课堂"平台向教师或同学提问，并能及时得到解答；学生也可以将疑问记录下来，带到课堂上与教师、同学进行面对面的讨论交流。通过"云课堂"平台，教师和学生之间可以实现互动，共同讨论预习过程中碰到的问题。

最后，学生需要在"云课堂"平台上撰写简短的预习感受，教师可通过学生的预习感受找出学生在预习过程中碰到的问题。对于个别学生的问题，教师可在平台上单独解答；对于很多学生存在的共性问题，教师应在课堂上重点讲解。

(2) 课堂讲授阶段

课堂讲授阶段强调面对面教学，也是最重要的教学阶段。在这一阶段，教师不仅要传授知识，还肩负着正确引领学生的价值观，让学生做到"真懂、真信、真用、真行"。在这一阶段，教师利用一个课时讲解当前教学内容中的重点、难点，将当前教学内容的核心与关键点传递给学生，同时对教学重点、难点进行拓展式讲解，让学生能够从整体上理解和掌握知识。同时，只用一个课时的时间让教师进行课堂精讲也能解决传统课堂"满堂灌"而引发的课堂枯燥、抬头率低、学生被动学习等问题。课堂讲授阶段具体包括三个环节：

首先，讲解授课计划中的重点、难点。思政课最核心的任务是培养社会主义事业的建设者和接班人，教师要通过课堂讲授，给学生提供正确的政治理论引导，帮助学生树立正确的政治理想。

其次，组织学生讨论学习。教师要通过讨论社会热点、难点问题，给学生答疑解惑，并培养学生思考问题、分析问题和解决问题的能力。讨论的问题主要有三类。第一类是学生在预习时碰到的共性问题，此时教师要通过课堂理论知识的讲授，引导学生对问题产生新的认识和新的理解。第二类是教师针对教学重点设计的问题，此时教师要通过学生讨论与自己的点评进一步巩固课堂知识。第三类是学生现场提出的与教学内容相关的问题，此时教师要和同学一起讨论解答，以解决学生的困惑。最后，总结知识，梳理课堂讲授的知识体系。

（3）课后复习阶段

在课后复习阶段，学生要完成教师在"云课堂"平台上布置的课后学习任务。课后复习阶段主要分为两部分：

首先，教师向"云课堂"平台上传课后学习任务，学习任务一般包括选择题、案例分析题、课后阅读拓展和思政课社会实践。选择题主要是为了检验学生对课程中重要知识的掌握情况；案例分析题则是为了检验学生对课程相关知识的学习、理解情况，并培养学生运用理论知识解决实际问题的能力。课后阅读拓展则向学生提供与课程相关的阅读资料，进一步拓宽学生的知识面。思政课社会实践则是指教师根据具体的教学内容，在"云课堂"平台上推送适合学生的课后社会实践项目，如推荐学生去爱国主义教育基地参观、做大学生生活水平调研等，引导学生走出校门去思考和分析社会问题。

其次，在课堂学习结束后，教师要根据学生的学习情况适当调整自己的教学进度，完善"云课堂"教学平台上的教学内容，让学生的学习更完善、更有针对性。学生登录"云课堂"平台查阅学习资料，与教师、同学进行交流，完成教师布置的课后作业，并将作业提交到"云课堂"的作业模块。教师在线批阅并反馈给学生，既能全面了解学生对教学内容的掌握情况，又能对不同学生进行差异化指导。学生最后结合教师的反馈和"云课堂"平台上的学习资源，可以对自己尚未完全掌握的内容进行重复学习，不断巩固。另外，教师还可以利用"学习通"的测试模块开展阶段小测试。学生可以通过相关测试及时了解自己对知识的掌握情况。

第五章 互联网背景下高校思政教育队伍建设

互联网技术的发展和普及，使得高校思想政治教育的环境发生了深刻的改变。这些改变的影响，既有积极的方面，又有消极的方面。世界上的任何事物都具有两面性，互联网技术也概莫能外。互联网技术的迅猛发展和广泛应用，在给高校思想政治教育带来新机遇的同时，也对高校思想政治教育提出了严峻的挑战。本章主要介绍了互联网对高校思想政治教育的影响和互联网对高校思想政治教育队伍建设的新要求。

第一节 互联网对高校思想政治教育的影响

正视高校思想政治教育在互联网环境下面临的新挑战和新机遇，抓住机遇，克服挑战，是高校做好互联网时代思想政治教育的重要前提。

一、互联网给高校思想政治教育带来的机遇

在高度信息化的互联网时代，网络信息技术已经渗透到社会生活的各个领域并产生日益广泛的影响，同时，网络信息技术正在深刻地改变着人们的社会生活，给大学生的世界观、价值观、道德观和思维方式带来深远的影响。网络信息技术不仅改变了大学生的学习、生活方式，也影响着他们的思想观念、政治态度、道德风范、价值取向和思维方式。信息时代已经对工业社会的技术元素产生革命性的作用。虽然这是革命性的，但由于所有的变迁与好处不会在一夜之间突然出现，因此其革命之处在于给我们社会带来的效应。因此，现代网络信息技术的出现以及在教育领域的运用，将给高校思想政治教育带来巨大的机遇。

(一)增强高校思政教育实效性

所谓"实效性",指事物经过特定的实施过程以后,与预期目标相比,所达到的实际程度和结果。高校思想政治教育实效性是指在高校学生思想政治教育活动中,思想政治教育的实际运作对思想政治教育目标的实现程度,即学生思想政治教育活动产生与出现呈现出正向结果的效能性。它是判断思想政治教育水平的最主要标准。思想政治教育目标是我们希望达到的理想,属于"应然";思想政治教育实效性是实践实际达到的结果,属于"实然"。二者之间的差别越小,思想政治教育水平就越高。教育者的水平与个人魅力、受教育者的需求、教育方式手段是影响思想政治教育实效性的主要因素。

现代社会,网络信息技术为高校思想政治教育提供了新的手段,有效地弥补了传统高校思想政治教育的不足,为提高高校思想政治教育实效性提供了有利条件,具体体现在以下几方面:

一是借助现代网络信息技术,思想政治教育工作者能够了解学生的真实想法和需求,能够增强思想政治教育的针对性。了解学生的真实想法和需求,是开展高校思想政治教育的基本前提。只有掌握了学生的真实想法和需求,才能有的放矢地开展教育,思想政治教育才能是有效的;不了解学生的真实想法和需求,思想政治教育就是盲目的,是不可能有效果的。

传统思想政治教育实效性之所以不够理想,是因为不了解受教育者的真实想法和需求。传统的高校思想政治教育采取的是一种"一刀切"的教育模式,没有考虑到学生的思想基础、接受能力以及性格特征差异,更没有照顾到学生的个人需求。思想政治教育从根本上说是做"人"的工作,是一种个性特色很强的教育,因此,思想政治教育必须照顾到受教育者的个体差异和个性需求,做到因材施教、因人而异,教育才能有效果。

网络具有虚拟、匿名等特点,受教育者在网络世界里能够抛开现实的约束和顾虑,敞开心扉,袒露自己真实的内心世界,不方便当面讲的问题也能够在网上大胆地表露。思想政治教育工作者可以通过学生的 QQ 空间、微博主页、微信留言等,更加真实、准确地了解受教育者的思想动态和利益诉求,了解学生的真实想法和需求,从而增强思想政治教育的针对性。

二是现代网络信息技术使教育方式方法和手段"新"起来,能够提高思想政治教育的吸引力。工作方式方法是我们党在革命和建设中极为重视的问题。毛泽东指出:"我们不但要提出任务,而且要解决完成任务的方法问题。我们的任务是过河,但是没有桥或没有船就不能过。不解决桥或船的问题,过河就是一句空话。不解决方法问题,任务也只是瞎说一顿。"① 所谓"桥"和"船",其实就是工作的方式方法。做好高校思想政治教育工作,找准了"桥"和"船","过河"自然不在话下。因此,高校思想政治教育工作者必须学会借用新媒体、新技术,努力让手段"新起来",采用青年大学生喜欢的方式方法进行教学,使思想政治教育成为化解学生思想疙瘩的"利器"。

传统的高校思想政治教育主要采用"一支笔、一本书、一块板"的课堂教学,辅之以"开大会、听报告、读报纸"的方式。在这种"我说你听,我打你通"的灌输式、"填鸭式"教育下,受教育者只能被动地接受教育者输入的信息。在网络时代,这种教育方法已经滞后了,因为它对大学生的情感重视不够,且教育手段单一枯燥,容易引起大学生的反感,进而导致教育效果不理想。"上面无精打采,下面昏昏欲睡"就是这种教育方式效果的真实写照。

现代网络技术的使用,在很大程度上能够增强高校思想政治教育的效果,与传统思想政治教育相比有很大的优势,主要体现在以下几点:(1)教育主体的平等性。网络交往具有匿名性,消解了传统人际的"社会藩篱",使得教育者和受教育者双方真正处于平等的地位。在教育过程中,教育者不再以权威自居,受教育者也不再被动地接受教育,教育者与受教育者平等地进行讨论和交流,通过启发和入情入理的商讨,引导受教育者形成正确的思想观念。(2)教育过程的互动性。传统思想政治教育是从教育者到受教育者的单向信息传输过程,教育者很难及时掌握教育对象的信息反馈,因而不能及时改进教育的内容和方法。网络的交互特点,实现了教育者与受教育者之间的双向互动,学生可以及时反馈意见,有利于教育者及时调整教育内容,改进教育方法。(3)教育手段的生动性。在一定意义上,思想政治教育就是信息传播的过程,也就是用正确的信息影响、熏陶和引导大学生的思想观念、价值观念和精神世界的过程。信息传播的手段和方式对于思想政治教育的效果有重大影响。借助现代网络技术,教育者可以把教育内容通过图像、声音、动画、音乐等多种生动形象的方式展现出来,化抽象为具体、

---

① 中共广东省委宣传部.马克思主义中国化一百年[M].广州:广东人民出版社,2021.

化枯燥为有趣，使教育内容实现从平面到立体、从静态向动态的转化，使教育更加形象化、现代化、科学化，从而能增强思想政治教育的吸引力、感染力。

三是增强思想政治教育的时效性。一定的时间和空间是任何传播得以进行的必要条件。传统媒体发布信息需要经过复杂的环节，如采集、筛选、加工、发布（出版）等，才能够传递给受众。方便快捷的网络则大幅缩短了这个过程，人们不需要通过传统的方式就可以获悉国内外正在发生的政治、经济和社会生活等各方面的信息。如最近几年的"两会"，各大门户网站都进行了直播，网上直播的速度要比报纸新闻快很多。网络传播方便快捷，提高了高校思想政治教育的效率。利用网络，高校思想政治教育工作者能够及时地把党的政策、理论和重大决策对大学生进行宣传教育，能够及时发现大学生的问题，及时指导，从而迅速解决问题。

四是利用计算机及网络信息技术的强大功能，对思想政治教育信息进行定性定量分析、横向纵向比较，对思想政治教育主题决策提供有力的数据支持，从而能够提高高校思想政治教育的工作效率和工作水平。

（二）扩大高校思政教育覆盖面

传统的高校思想政治教育主要依靠课堂、报纸和讲座等形式，是一种"面对面"的教育，无论在时间还是空间上都会受到这样或那样的约束。由于存在时间、地点、场地等限制，传统的高校思想政治教育通常在狭小的范围进行，其效果不尽如人意，覆盖面有限。当然，高校思想政治教育也存在"一对一"的形式。这种形式通过教育者和受教育者面对面的促膝而谈，可能会有效解决个人的思想问题，但是这种形式的谈话内容无法得到广泛传播，这使得有类似问题的其他人的问题也得不到解决，因此这种形式的思想政治教育仍然存在覆盖面窄的问题。

然而无时空限制的现代网络信息技术，打破了高校思想政治教育的时空限制，人们可以随时随地开展思想政治教育活动，而不必再受时间和地点的限制。无论是作为教育者的老师，还是作为受教育者的学生群体，只要拥有连通的网络，拥有一台网络终端，就可以全天候上网发布、获取、交换各种信息，进行思想政治教育活动。现代网络技术的发展打破了学校与社会之间的界限。不同国家、不同地区、不同高校的大学生乃至所有网民，都可以成为思想政治教育的对象，可以通过网络共享资源，开展问题咨询，交流讨论思想，接受思想政治教育。同时，每一位关心大学生成长的人士，无论他身处何处，都可以通过网络予以大学生必要的指导和帮助。现代网络技术这一颠覆性的改变，使高校思想政治教育的覆盖面得到了扩展。

（三）丰富高校思政教育内容

传统的思想政治教育内容是由教育者根据既定的目标和方案选择的，有的比较单调、陈旧，并且受传统媒介信息容纳少的限制和思想政治教育工作者自身知识储备不够的影响，受教育者接收的信息量比较少，不能满足受教育者成长成才的需求。

开放的网络将分散在全世界的信息资源"熔为一炉"，使之成为超级容量的数据库。互联网上信息浩如烟海，无所不有，既有传统的，也有现代的；既有国内的，也有国外的；既有过去的信息，也有最新的资讯；既有政治新闻，也有经济信息。由于网络具有很强的兼容性和资源共享性，因此它成为高校开展思想政治教育的重要信息来源，不断地为思想政治教育提供丰富、鲜活的信息资源，使思想政治教育的内容更加丰富、全面和充实。借助网络，我们无须再费时费力地从报纸、文件、书本中寻找、收集资料，而是可以在网上精选有针对性的、最新的时事材料、理论成果、典型事例，并将其作为思想政治教育内容和素材。网络汇集的信息成果极大地拓展了思想政治教育的内容，还有利于开阔教育对象的视野，提高其境界，从而达到更好的思想政治教育效果。

（四）突破高校思政教育困境

教育绝不仅仅是学校的事情，更是整个社会的事情。思想政治教育需要将学校教育与家庭教育有机地结合在一起。学校要探索建立与大学生家庭联系沟通的机制，实现两者相互配合对学生进行思想政治教育。我国非常重视家校配合对学生进行思想政治教育，但由于种种原因，在高校思想政治教育过程中，家校互动困难，家庭教育的作用没有得到充分发挥。

我国一些高校虽然也有面对面交流等家校互动形式，但是由于高校学生分布范围广，只有少量的学生家庭处在高校所在的城市，大部分的学生家庭离学校的距离较远，使得高校教师无法像基础教育教师那样进行家访活动，因而在实践层面上面对面的家校交流活动极其有限。而电话联系经济成本大，还受制于通话双方的时机，因此通常只有在紧急或重要的状况下才会利用电话进行家校联系。书信等联系方式也因为速度慢、效率低、内容单一等因素而难以成为搭建家校联系的合适桥梁。由于家校之间缺少交流的通道，在实际生活中家长很容易对子女在校情况形成片面认识。家长主要通过子女来了解学校的基本情况，学校通过学生来了解学生的家庭情况，消息传递的通道过于狭隘，会导致信息的失真。在家校联系通道不畅的情况下，无论是家长还是学校，都没有足够的通道来核实学生信息的真假，使得家校之间的教育合作效果有限，甚至还容易产生误解，妨碍了高校思想政治教育的顺利进行。

现代网络技术的发展和普及，为家校互联互动提供了技术支持，突破了家校互联困境。基于现代网络技术打造的家校沟通服务平台操作简单、使用方便、全网覆盖，实现了学校、老师、家庭之间的实时有效沟通。通过这一平台家长可以实时掌握学生动态，随时与学校老师互动交流，学校和老师也可以随时与家长沟通，这种学校教育与家庭教育有机地结合在一起的方式，能充分发挥家庭在高校思想政治教育中的作用。

二、互联网给高校思想政治教育带来的挑战

"理想的东西都不是现实的，现实的东西都不理想。"[1]唯物辩证法认为，任何事物都具有两面性，既有积极的一面又有消极的一面。迅猛发展、应用广泛的互联网技术犹如一把双刃剑，在给高校思想政治教育带来新的机遇的同时，也使高校思想政治教育面临严峻的挑战。

（一）教育工作者方面

21世纪，网络已经成为人们工作、学习、生活不可或缺的一部分。西方敌对势力利用其在网络技术上的优势，企图通过网络对我国进行文化侵略和渗透。高校思想政治教育工作者必须进一步提高自身素质，掌握现代网络信息技术，把思想政治教育与现代网络信息技术有机结合，努力实现高校思想政治教育的现代化。

---

[1] 钟家全. 互联网与新时代高校思想政治教育队伍建设[M]. 成都：西南交通大学出版社，2021.

思想政治教育的现代化包括信息内容的现代化和传播载体的现代化以及队伍的现代化。其中,队伍的现代化是关键,是实现其他两个现代化的前提。面对快速发展的网络信息技术,面对思维日益活跃的大学生群体,高校思想政治教育工作者的政治素质、专业知识水平、互联网知识技能正面临严峻的考验。

1.教育工作者的素质不适应信息技术发展要求

得益于现代网络信息技术的支持,多媒体技术才能在思想政治教育中被广泛应用。多媒体采用声、文、图并茂的综合表达形式来表达思想政治教育内容,增加了教育信息量,增强了教育的感染力和吸引力,有助于突破传统思想政治教育的局限,提高高校思想政治教育的有效性。但是由于高校思想政治教育工作者利用网络信息技术的意识薄弱、能力不强,使得高校思想政治教育的网络功能减弱。因此,提高高校思想政治教育队伍的素质显得极其迫切。

首先,教育者必须跟上时代,如果孤陋寡闻,不善于捕捉网上各种各样的思想信息,就会使思想政治教育的有效性大打折扣。其次,思想政治教育工作者如果自己没有坚定的政治信念、没有对共产主义的崇高信仰,就很容易在形形色色的网络文化中丢失自己,误导学生。最后,思想政治教育工作者如果没有熟练掌握电脑技术,不善于借助最新的软件工具,必然无法满足受教育者接受思想政治教育的需要。思想政治教育工作者既是引导学生健康成长的导师,也是学生学习的榜样,在此情况下,必然会面临能力与素质方面的挑战。所以只有不断地学习、提高认识、提升能力,才能成为一名合格的思想政治教育工作者。

2.教育工作者的主导作用受到冲击

在传统的高校思想政治教育过程中,教育者处于一种信息优势的地位。通过这种信息优势,教育者在教育过程中比较容易树立威信,得到受教育者的尊重,从而更加有利于高校思想政治教育工作的开展。然而,在网络时代,教育者的信息优势丧失了。如今,网络信息无所不包,内容极其丰富。教育对象可以通过手机等互联网终端方便地获取自己需要的各种信息,而教育者有时候却处于信息劣势的境地,部分教育工作者由于没有受过系统的计算机和英语教育,面对飞速发展的计算机和网络科技往往不知所措,上网查询获取信息很困难。教育者信息优势地位的丧失与教育对象获取信息方式的网络化,使得教育者无法再简单命令或

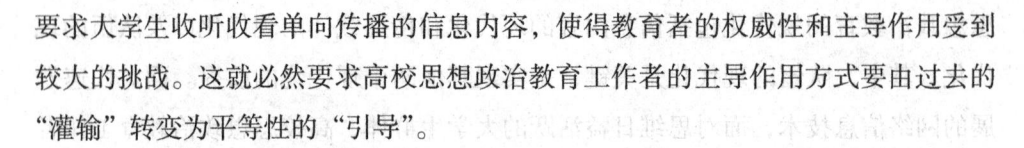

要求大学生收听收看单向传播的信息内容，使得教育者的权威性和主导作用受到较大的挑战。这就必然要求高校思想政治教育工作者的主导作用方式要由过去的"灌输"转变为平等性的"引导"。

（二）教育内容方面

网络时代的思想政治教育与传统思想政治教育，从根本上说，它们最终的教育目的、目标和任务是一样的，所以，在教育的基本内容上也是相通的，即要用马克思列宁主义、毛泽东思想、邓小平理论、"三个代表"重要思想、科学发展观、习近平新时代中国特色社会主义思想和党的路线、方针、政策武装人们的头脑。具体地说，主要包括世界观、人生观、价值观以及政治观、道德观等几个方面的教育。

在传统的高校思想政治教育中，思想政治教育是在封闭、单向的环境中进行的，教育者对大学生接受的外界信息能够进行有效的控制，使得信息比较"纯净"。然而，开放的网络使信息的可控性大打折扣。一方面，网络信息传播速度快，给信息"过滤"带来很大难度，各种各样的信息都可能通过网络进行传播，特别是垃圾信息的泛滥和谣言的传播，对大学生的思想造成严重的侵蚀。另一方面，大学生使用网络越来越频繁，上网途径既多样又便捷，很多人甚至患上了"网络依赖症"。但由于网络缺少抵御不良信息的"天然屏障"，高校思想政治教育的可控性受到了严峻挑战。

现代网络信息技术是一种技术工具，是没有阶级属性的，但是国家、阶级或个人通过它传播的信息必定表现出自身的某些思想、民族意识、文化特征和价值。高校思想政治教育工作者必须对此有清醒的认识，积极加以应对。

第一，大力组织中文信息上网，大力弘扬主旋律，用健康、积极向上的文化引导、影响、熏陶、教育大学生。网络作为中性的信息通道和载体，不同思想文化和道德观念都能通过网络传播，它是各种思想文化争夺的阵地。如果马克思主义不去占领，非马克思主义的东西必然会去占领；积极向上的思想不去占领，腐朽愚昧的思想必然会去占领；先进的价值观不去占领，消极落后的价值观就必然去占领。高校思想政治教育工作者应该主动出击，用中华优秀文化和社会主义先进文化去占领网络阵地，为大学生营造健康的网络信息环境。

第二，强化政治引导，加大教育力度。要主动面对网络时代高校思想政治教育出现的新情况、新特点，把以党的创新理论为主的政治理论教育与现代媒介手段结合起来，把唱响主旋律与大学生的生活娱乐结合起来，采取大学生喜闻乐见的形式，引导大学生树立正确的政治观念。坚持用党的创新理论武装头脑，用事实说话，以真理服人，确保大学生在杂乱的信息世界中，实实在在地感受到党的政策的强大吸引力与生命力，从而更加坚定党的领导，保证思想领域高度集中统一。

第三，增强大学生的"免疫力"。随着我国社会转型加快，各种社会矛盾也随之出现。收入分配、法治建设、住房、医疗、教育、社会治安等与老百姓利益息息相关的问题成为媒体争相报道的焦点和人们讨论的热点。微博、论坛等交互媒介广泛运用，成为思想文化信息的集散地和社会舆论的放大器，成为各阶层言论表达、情感宣泄、利益诉求和思想碰撞的重要舆情平台。这就要求：一方面，加强政策法规教育。要反复强调国家有关规定，对人们进行持久的政策法规教育、网络安全常识教育、反面典型教育，从思想深处增强广大群众的法纪意识，避免造谣、传谣等事件的发生。另一方面，增强人们对信息的鉴别力。通过教育引导，确保大学生了解网络信息存在虚假性和欺骗性，能够正确地区分这些信息，尤其是对于网络交友、各类"网络社区""群"要增强辨别力，防止在不知不觉中误入歧途，防止谣言的传播，防止各类案件的发生。

第四，加强对信息源的管控，净化网络信息环境。网络是个大染缸，信息鱼龙混杂，思想纷繁复杂，不同价值观念、思维方式相互交织、互相影响，其中不乏带有迷信、愚昧、颓废、庸俗色彩的落后文化，还有腐蚀人们精神世界、危害社会主义事业以及企图动摇社会主义根基的反动文化。网络安全亦是国家安全的一部分。高校要通过法律和技术手段，制订行之有效的措施，使不良信息得到"过滤"，屏蔽落后文化和虚假信息，抵制腐朽文化和反动文化，有效"清洁"网络信息环境。

"2023年7月14日至15日，全国网络安全和信息化工作会议在北京召开。习近平在会议上强调，新时代新征程，网信事业的重要地位作用日益凸显。要以新时代中国特色社会主义思想为指导，全面贯彻落实党的二十大精神，深入贯彻党中央关于网络强国的重要思想，切实肩负起举旗帜聚民心、防风险保安全、强治理惠民生、增动能促发展、谋合作图共赢的使命任务。以网络强国建设新成效为全面建设社会主义现代化国家、全面推进中华民族伟大复兴作出新贡献。"①

（三）教育方法方面

思想政治教育方法指思想政治教育工作者在引导思想政治教育对象的思想、行为发生预期变化的过程中所运用的方法，是思想政治教育工作者和思想政治教育对象之间真正确立教育和被教育关系的纽带。无论处理任何事情，都需要一定的方法和手段。方法是否科学、是否适当，关系到事情的成败。思想政治教育也是如此。

传统的高校思想政治教育，基本上是一块黑板、一支粉笔、几张PPT、教育者一张嘴，学生听思想政治教育课、读报纸、念文件、出宣传资料等。教育者通过课堂宣讲、个别谈心、座谈讨论等面对面的方式，对受教育者进行灌输、启发、说服，通过长期的思想政治教育工作，逐步对学生产生潜移默化的影响。毫无疑问，传统思想政治教育方式针对性强、反馈及时、能实现情感互动，具有一定的优越性，但这些优越性与教育者处于信息优势、垄断了信息来源是分不开的。同时，传统思想政治教育方式的弊端也很明显。一是教育对象缺乏主动性和选择性。教育者是信息的主要提供者，教育对象只是被动接受。二是思想政治教育的时空受到限制、教育对象有限而且模式单调。

现代网络信息技术的出现和运用，使得大学生的信息获取方式越来越网络化，打破了教育者的信息优势，大学生可以通过网络获得各种信息，而且还享有了主动性和选择权。网络的时空开放性使大学生可以在任何时间、任何地点获取需要的几乎一切原始信息。网络是一种自由媒体，网上信息可以脱离现实的很多控制而自由流动。因而相对于传统媒体信息，网络信息很大程度保证了信息的原始性，其人为加工的痕迹更少，这也与大学生不再只是信息接收者的角色相契合。网络的交互性和匿名性，使大学生可以在更加广阔的自由空间参与问题讨论、进行思想交流、表达意愿、提出建议。网络的多媒体性，对大学生产生了巨大的吸引力。网络信息的传播形式已不仅仅是文字，还包括声音、图片、动画、音像并茂的影

---

① 光明网. 习近平对网络安全和信息化工作作出重要指示 [EB/OL]. (2023-07-15) [2023-07-20]. https://politics.gmw.cn/2023-07-15/content_36698081.htm.

视画面,这种多媒体技术使大学生的多种感官同时感知,有身临其境之感,深受大学生欢迎。

面对日益现代化的社会信息传播手段,传统的高校思想政治教育方式对大学生的吸引力和感染力减弱。如果网络时代的高校思想政治教育仍然沿袭"我说你听、我讲你记、我打你通"的老办法,其发展必然面临极大的挑战,其教育效果必然大打折扣,无法满足新形势的要求。

(四)教育对象方面

现代网络信息技术的出现和广泛应用,给人类生活带来了深刻而全面的影响,在给人们生活带来积极影响的同时,也给高校青年大学生的思想、道德、行为带来了诸多消极影响和挑战。

1. 网络影响大学生的价值观

由于网络信息来源的广泛性,信息准入标准缺乏统一性,世界各民族文化在网络上发生激烈的碰撞与交融。随着文化冲突的多样化、频繁化,各种文化所承载的价值观之间的摩擦也日益加剧。对于快速多变的网络信息,却没有一个世界统一的价值标准加以评判。而青年大学生缺乏生活阅历,世界观、人生观和价值观还不成熟、稳定,因此对网上信息缺乏足够的判断力和分析力,往往容易受到不良信息的影响。如果这些学生在网上长期得不到先进思想文化的正确引导,大量接受不良思想,就会因为丧失正确的世界观、人生观和价值观而误入歧途。

2. 网络弱化了大学生的道德法律意识

传统的思想政治教育强调道德自律和他律的有机结合,现实世界中的道德舆论能对个体行为起约束作用。而网络世界是一个虚拟的世界,除了依靠相应的法律规范来对人们的网络行为进行约束和管制外,网民的自觉也是非常重要的,要注重培育网民的社会道德和法律观念。正因为网络具有虚拟性的特点,如果约束不力,人们就会根据自己的需要在网络这一虚拟世界中任意创造自我角色,就会降低道德及法律规范的作用与影响,极易造成网民道德责任的削弱。青少年,尤其是学生,是网民中规模最大的群体,其世界观和人生观尚在确立之中,自控力较差,加上网络的匿名性和隐蔽性特点,大学生在网上的行为很容易抛开现实生活中的诸多顾虑,再加上来自网上的"三俗"文化的诱惑和"造假""欺诈""病毒""盗窃"等网络腐朽现象的影响，极易在道德行为上随波逐流，出现发布虚假信息、上传黄色图片、进行人身攻击、欺诈他人财物、制造传播病毒、盗取他人银行账号和密码等违法犯罪的行为。

3. 网络分化了大学生的社会责任意识

由于网络具有开放性、隐匿性等特点，加上当前网络文化泛滥，部分受教育者的社会责任意识正在不断地被分化。主要体现在急功近利，注重个人利益，价值取向歪曲，对自己之外的事缺乏应有的责任意识。在虚幻的网络世界里，部分青少年缺乏网络公德和法律观念，导致网络道德失范，出现违法行为。

4. 网络使大学生产生心理困惑

相对于父辈们习惯于从报纸、电视、书籍等传统媒体获取信息而言，青年大学生更倾向于从网络获取自己需要的信息。由于网络上信息量大，更新迅速，大学生很容易被网络所吸引，并从内心深处建立起与网络的情感纽带。由于网络是一个虚拟空间，网上情感并不能完全替代现实社会中那种真实的情感联系。大学生越是沉溺其中，越容易变得孤独和冷漠，影响其情感的形成和体验。

5. 网络疏远了大学生的人际关系

参与人际交往等社会活动，是受教育者提高交际能力的重要手段，也是受教育者逐步走向社会的重要途径。当前的高校学生群体是在信息技术高度发达的环境下成长起来的一代，他们较早地接触了网络，能够熟练地使用QQ、微信等即时通信工具。网络环境虽然扩大了大学生交流交际范围，缩短了人与人之间的距离，但是也加剧了大学生的自我封闭程度，使得人与人之间面对面交往的机会减少，造成人际关系的淡漠，久而久之，使人产生非社会化的倾向，进而容易导致交往能力下降，造成人际情感逐渐萎缩淡化和人格自闭障碍。尤其是一些性格孤僻的大学生自认为在网上找到了"知己"，从而沉溺其中，远离周围同学，变得更加孤僻。

6. 网络会危害大学生的身心健康

网络所提供的虚拟化、数字化生活、工作、娱乐、休闲方式，带给了人们更多的快乐与自由，同时也容易使一些人沉迷其中而不能自拔。一些自制力不强的大学生在网络环境下很容易养成"网瘾"，表现之一是网上交际成瘾，成天泡在网吧或拿着手机与遍布世界各地的网友聊天，无心投入学习之中，有的还会远赴千里之外与网友见面，网恋在学生群体中也是一种常见现象；表现之二是网络游戏成瘾，网络游戏让许多大学生流连忘返，无法自拔，使得将本该用于学习的大量精力用在了网络游戏上，有的沉浸于游戏所虚构的世界，陷入非理性的状态，甚至作出带有暴力的行为；表现之三是网络色情隐患，一些大学生沉浸于网络中的色情影视、图片，容易形成心理障碍，一旦在生活中失控，很可能作出违反伦理道德的行为；表现之四是染上网络赌博，网上赌博如杂草般滋生，成为诱使大学生堕落的又一个网上毒瘤。一些大学生陷入网络赌博不能自拔，给家庭造成了巨大的经济压力，对父母及其自身造成很大的伤害。

7. 网络使大学生形成了攀比心理

随着电子商务的普及，网购已经成为大学生群体购物最重要的方式，虽然这种购物方式为人们的生活带来了方便，但是无形中刺激了他们的攀比心理，导致资源浪费。

8. 网络会影响大学生的性格

网络在方便大学生与朋友、陌生人交流的同时，网络交流的虚拟化和表层化，使得部分大学生对现实中的人与人之间的交流变得冷漠、疏远和怀疑。特别是网络交流具有隐匿性特点，使得一些在现实生活中性格内向的大学生在网上就像变了一个人，长此以往，一些青年大学生将愈加远离现实社会，这对他们的健康成长和成才将会造成严重的影响。

三、互联网时代加强高校思想政治教育的意义

从一定意义上讲，在互联网时代，高校思想政治教育拒绝"网络"就拒绝了出路，就要被时代淘汰。作为党的思想政治工作的重要组成部分，高校思想政治教育需要研究把握网络时代思想政治教育的特点和规律，创新互动机制，推动思想政治教育与网络信息技术深度融合，切实增强高校思想政治教育的实效性。

（一）适应社会发展的需要

改革开放四十多年来，我国发生了翻天覆地的变化，这种变化冲击着我国社

会的每一个角落，高校也不例外。高校担负着培养社会主义事业的建设者和接班人的重任。指导大学生提高辨别能力，抵御各种非马克思主义和反马克思主义的思潮，坚持社会主义办学性质和方向，把坚定正确的政治方向放在第一位，是社会主义高校的本质要求和特色之一。

在今后相当长一段时间内，我国经济社会发展面临的矛盾和问题可能更复杂、更突出，同时我们正面临着并将长期面对一些亟待解决的突出矛盾和问题，我国经济社会发展也出现了一些必须认真把握的新趋势、新特点。特别是在互联网快速发展时代，在网络应用最为密集的高校，网络不仅是思想文化传播的载体，更是意识形态领域交融、碰撞和斗争的主阵地。高校思想政治教育肩负着向大学生宣传党的理论、路线、方针、政策等重要任务，教育学生用马克思主义及马克思主义中国化的最新理论成果以及党的路线、方针、政策武装头脑，引导广大学生牢固树立社会主义核心价值观的重要使命。青年学生是意识形态斗争的重要争夺对象，谁抓住了青年学生，谁就把握了未来的主导权。面对意识形态领域的新挑战，高校要通过思想政治教育掌握网上舆论阵地的主动权和话语权，在坚守阵地中不断壮大主流思想舆论，防止资本主义人生观、价值观、道德观的渗透，防止消极落后的思想文化侵蚀大学生的思想，积极承担起确保高校社会主义办学性质和方向的重要任务。

（二）加强意识形态阵地建设的需要

加强高校意识形态阵地建设，是一项固本工程、铸魂工程和战略工程。高校是意识形态工作前沿阵地，意识形态阵地建设是高校的重要使命。在互联网快速发展的时代，在网络应用最为密集的高校，网络不仅是思想文化传播的载体，更是意识形态领域交融、碰撞和斗争的主阵地。高校思想政治教育必须与时俱进，不断应对新挑战、不断解决新问题，必须随着网络发展而不断创新。面对意识形态领域的新挑战，能否掌握网上舆论阵地的主动权和话语权，能否在坚守阵地中不断壮大主流思想舆论，能否增强思想政治教育的实效性，高校面临着比以往更加迫切、更加重要的新课题。

(三）培养合格人才的需要

网络等新媒体既是加强思想政治教育、开展社会主义核心价值观教育的重要阵地，也是重要的育人手段和载体。网络作为大学生获取信息、学习研究、社会交往、生活娱乐的主渠道之一，直接影响着当代大学生的价值观培育，网络文化环境已经与当今大学生健康成长密不可分。

青年大学生思想活跃，容易接受新事物，更能适应时代发展的要求，是网络虚拟世界和网络活动的重要主体。同时，由于青年大学生的世界观、人生观、价值观还未定型，很容易会受到网络意识形态、价值观念、网络舆论等的影响，使自己的价值观、政治观、人生观发生偏离。大学生是祖国的未来，是民族的希望，是社会发展的决定力量，他们自身能力与素质的高低将直接影响社会的发展与进步。如果大学生长期在良莠不齐的网络信息中游走，很可能会造成选择困惑，甚至出现理想信念、价值取向、精神追求、行为方式的扭曲，最终丧失判断是非的能力。在现实中，确实存在一些令人担忧的现象如一些大学生网络成瘾，长期沉溺于网络游戏无法自拔，放弃学业，人际疏离，行为偏激，迷失了自我，甚至误入歧途。这些都不利于大学生自身成长和身心健康发展。

只有进一步加强高校思想政治教育，从理念、内容、方式、方法、手段等方面不断创新高校思想政治教育，才能牢牢把握网络舆论斗争的主动权和社会主义核心价值观教育的主导权，增强思想政治教育吸引力、唱响主旋律。开展有效的网络舆论引导，及时准确地掌握学生的思想动态，使网络和新媒体在引导学生成长成才过程中释放正能量。只有这样才能建设融思想性、理论性、知识性、趣味性、互动性和服务性于一体的有利于大学生健康成长的网络环境，才能不断增强思想政治教育的针对性和实效性，实现高校立德树人的根本任务，从而为国家培养高素质人才。

总之，思想政治教育是高校工作的重要组成部分，是高校育人的关键环节，在大学生的成长成才成人中起着不可替代的作用。高校党委和思想政治教育工作者要加强对网络环境下高校思想政治教育重要性的认识，以积极主动的态度应对其带来的机遇与挑战，努力提高大学生在政治思想上的免疫力，积极探索并进一步加强和改进高校思想政治教育的新途径和新方法，推动我国高校思想政治教育工作的顺利开展。

第二节 互联网对高校思想政治教育队伍建设的新要求

互联网是大学生学习与成才过程中获取信息、沟通交往的重要手段和主要途径，深刻影响着大学生的行为模式、价值取向、心理发展和道德观念。在互联网环境下，思想政治教育出现了新变化，对高校思想政治教育队伍建设提出了新要求。

一、互联网时代高校思想政治教育的新变化

互联网背景下的信息传播速度、范围、密度和有效性都是传统思想政治教育无法比拟的。作为引导大学生的价值取向、行为方式和思维模式的重要学科，高校思想政治教育在互联网环境中呈现出诸多新变化。

（一）教育主客体地位的新变化

教育主体和教育客体是两个相伴而生的概念。德国教育家赫尔巴特认为，学生本身不能创造出自己的世界，需依赖教师的引导获取改造世界的知识和能力。教师的作用在于传授知识、监督和管理学生的学习活动，教师和学生之间是直接传递—接受关系，学生只是被动的接受者。因此，教育者在教育过程中占据主体地位，是教育活动的控制者，而学生则作为受教育者处于客体地位。

在互联网环境下，信息获取渠道多元化，环境的局限性也被打破，学生可以轻松便捷地从互联网上获取自己需要的各种信息，享有了自主学习的权利。在学习网络里，学习者既可以是学生，也可以是老师。或者说，在网络世界里，已经没有了学生和老师的区分。每个学习者都具有多重的身份，既可以是知识和信息的求学者，又可以是知识与信息的提供者和分享者。而教育者的角色正逐渐转变为学生学习的组织者、管理者引导者、研究者。

互联网促成了新型教育主客体关系，双方的角色地位发生了根本性改变。教育主客体的界限越来越模糊，甚至教育者与受教育者之间的关系可以随时随地进行转换，双方地位趋于平等。这对于在传统教育中居于"权威"地位的教育者来说，是一种严峻挑战。

（二）教育空间的新变化

传统的思想政治教育只能在特定的时间和空间开展，教育者、受教育者、教育内容、教育空间等各教育元素间的交流协作都是线性的、单向互动，而在互联网环境下，受教育者接受教育的机会更多、内容更复杂、时间更自由、空间更广泛。在大数据、云计算的催化作用下，思想政治教育空间正逐渐向全方位、流动性的领域转换。

具体来说，传统思想政治教育活动发生在校园的物理空间内，链条式的教育、固定的班级组织与授课内容，让信息数据的产生与分享趋于静止。互联网环境下的思想政治教育，几乎不受时间和空间的限制，教育场所不仅不会局限于课堂、校园，还可随时随地进行思想政治教育活动，这不但开阔了教育者的视野和思路，还给受教育者更大的选择自由和空间。

（三）教育互动模式的新变化

传统教育模式以教育者为中心，学生是知识的被灌输者，双方很少有交流的机会，所以教育主客体的互动是单向灌输。互联网的开放和共享，使网络成为一片"信息海洋"，一个真正的"上知天文，下知地理"的博学者，为学生提供充足的信息和知识，教育者不再是知识中心。这就为教育者和被教育者之间的双向互动创造了更大的可能性。因此，互联网打破了以教育者为知识中心的呈现方式，教育主体和教育客体的互动模式由单向灌输转为双向互动。

高校思想政治教育应将视角从"求量"过渡为"求质"，即从注重受教育者能接受多少知识，转变为注重学生的感官教化、思维养成及行为引导。

（四）教育者个人魅力对教育的影响力更大

互联网具有平等、自由、便捷的特质，每个参与网络的身份是无标签、同起点的个体。互联网教育社交化使教育者不再独立于被教育者之外，而是可以自然融入其中，平等交换意见，共同进步。

这种新的沟通方式要求教育者不仅仅是一个知识的传递者，还要具备过硬的业务素质和独特的人格魅力。拥有感染力和亲和力的教育者，在互联网上与学生积极讨论时事热点、理想信念，传递正确价值观，无形中扮演了代言人的角色，会吸引那些认同教育者的思维模式和行为方式的学生。教育者越权威、人格魅力越大，乐于接受教育者意见和产生共鸣的学生就会越多，由此也会产生自然教化的最佳教育效果。

二、互联网时代建设高校思想政治教育队伍的具体措施

面对互联网时代思想政治教育出现的新变化，高校思想政治教育队伍应顺应时代发展潮流，更新教育理念，创新思想政治教育内容、形式、方法，不断提高队伍整体素质，提高做好互联网时代高校思想政治教育的能力。

（一）转变思想观念

互联网已成为大学生接收信息的主渠道，成为对大学生进行教育引导的主课堂，也是与敌对势力和各种错误思潮争夺大学生的主战场。然而，一些高校思想政治教育工作者利用网络开展思想政治教育意识淡薄。有的认为利用互联网开展思想政治教育费时费力；有的没有跟上时代的步伐，习惯于传统的工作方式；还有的对互联网的重要作用认识不清、摆位不正，缺乏对互联网的关注，导致不能及时掌握学生的思想动态。这不仅给学生安全稳定、心理健康、日常管理等工作带来一定麻烦，而且使思想政治教育缺乏针对性，思想政治教育的实效性也会大打折扣。因此，需要确立与互联网时代相适应的思想观念，推动思想政治教育健康发展。

1. 强化阵地意识

高校思想政治教育工作者要提高认识，树立网络教育的阵地意识，用马克思列宁主义、毛泽东思想、邓小平理论、"三个代表"重要思想、科学发展观、习近平新时代中国特色社会主义思想以及健康向上的思想文化去占领网络阵地。

2. 强化责任意识

网络化、信息化是21世纪的重要特征。青年大学生已是我国网络用户的主体，网络影响、改变着大学生学习、交流、娱乐的方式。高校思想政治教育工作者应清醒地认识到，运用互联网开展思想政治教育是适应时代发展的要求。要转变互联网"弊大于利"的观念，不能因为怕青年大学生沉迷于网上聊天、打游戏及被网上不良信息所侵蚀，就将互联网"束之高阁"，甚至采用断网、限网等封堵措施；要转变"老办法管用"的观念，把传统教育方法、资源和网络信息技术

手段有机结合起来，让老传统结出新成果。高校思想政治教育工作者应敢于承担责任，通过做好疏导工作和优化网络环境，尽可能把互联网的负面影响最小化，尽可能把互联网的有益之处最大化，而不是简单地一"堵"了之。

3. 强化服务意识

高校思想政治教育工作者要把满足大学生需要、为大学生提供高效服务作为一个重要关注点。端正服务态度，积极适应网络扁平化特征，以平等的身份、谦逊的态度、交谈的口吻和热情周到的关心提示，赢得大学生的真诚信赖和拥护。拓展服务范围，满足大学生多样化需求，利用互联网平台开展心理健康咨询、学生社会实践、时事政策答疑等服务。

4. 强化创新意识

在互联网时代，高校思想政治教育工作者要敢于摆脱传统观念、思维定式和习惯做法的束缚影响，在继承和发扬优良传统的基础上，充分运用互联网信息量大、传播速度快、空间延伸广等优势，推动政治工作传统优势与网络信息技术高度融合、网络性能与政治功能深度融合，不断创新思想政治教育的方法和手段。如要宣传集体主义精神，仅仅理论讲授其成效十分有限，不如邀请国内外知名企业家就集体主义、团体精神在企业发展中发挥的重要作用进行分析、评论，并以互联网进行广泛报道，这样的方式较能引起大学生的关注，教育效果定能更佳。

5. 强化平等意识

在互联网时代，高校思想政治教育要更加突出"以人为本、平等尊重"的理念。众所周知，传统思想政治教育模式是比较单一的传导式教育模式，教育者与受教育者的地位不同，但是在互联网环境下，教育者和教育对象没有从属关系，两者处于平等互动的状态。因此，思想政治教育工作者必须摆正位置，改变过去居高临下的姿态，营造平等、自由、轻松、和谐的教育氛围，促进高校思想政治教育从传播知识和形成结论等方面转移到引导、启发、释疑解惑上来。

（二）优化教育内容

现代传播学认为，要赢得广泛的社会认同、公众青睐，必须坚持"内容为王"的原则。这要求高校思想政治教育必须持续不断地提供丰富、权威、及时、生动的信息资源，增强教育内容的时代感、针对性和实效性，这样才能确保思想政治教育与时代同步、与大学生产生共鸣。

1. 打造鲜活的内容

在互联网环境下，人们对信息的选择是不具备强制性的。为了吸引大学生的眼球，高校思想政治教育的内容必须集趣味性、教育性、动态性、丰富性于一体，从而引起学生的共鸣。高校思想政治教育工作者应改变传统的"二传手、传声筒"式做法，打造权威的和具有广泛共鸣的鲜活内容。注重发出权威的声音，邀请党政机关领导解读重大政策方针，邀请知名的专家学者宣讲党的创新理论，解读重大理论问题。注重发出有广泛共鸣的声音，构建专业化品牌评论栏目，发展固定的受众群体，以此为平台影响和引导大学生思想。

2. 增强信息的贴近性

针对互联网环境下思想政治教育主客体之间的平等性特征，着力增强互联网信息的贴近性和服务性。坚持贴近教育，将教育意图转化为充满人情味、趣味性的、贴近大学生日常生活的内容，在与大学生近距离交流中打动大学生、教育大学生。坚持针对性教育，利用互联网的虚拟性、身份的隐匿性等特征，调查摸清大学生的思想动态，因地制宜、对症下药，增强思想政治教育的针对性。坚持思想政治教育与时俱进，要善于学习和借用具有正能量的网络语言，不断丰富和发展思想政治教育的时代元素。

（三）创新教育形式

互联网的发展催生了新的教育手段，为高校思想政治教育形式的创新提供了技术支持。在互联网时代，传统的集中学习、作报告、面对面思想指导等教育方式和方法的效果被弱化，因此教育形式和方法的创新势在必行。要实现思想政治教育的网络化、信息化，必须从以下几个方面着手：

一是构建以思想政治教育为主要内容的主题网站。高校思想政治教育网站不能是单纯的信息库和资料展示平台，而应该成为思想政治教育的阵地，是网上思想政治教育的延伸和发展。要精心设置其网络板块，要有详实的理论知识数据库、动态的新闻报道栏目、针对时事的评论栏目，突出权威性、生动性、说服性、互动性和实时性；要采用多媒体、立体化表达方式；要善于利用网络语言壮大主流思想舆论；要对热点事件在第一时间通过专家解读发声，精心策划以专家为核心凝聚热点"圈子"，产生"群动"作用，形成意识形态阵地效应。此外在这类网站上，大学生可以轻松搜索有关思想政治教育的相关资料，了解国内外发生的重大时事，参与社会问题的交流讨论，接受教育工作者的心理指导，参加高校组织的各类主题活动。可以说，高校思想政治教育网站就是一个流动的、自助式的教室，它能够打破教育时空的限制，创造一个新的、受大学生青睐的教育环境。

二是建立多功能、互动式校园网络社区。校园网络社区要具备学生管理、教学信息、党团活动、实践锻炼、文体活动、校园生活服务、官方微博等功能。要让学生在接受信息化管理、享受优质服务和便利生活的过程中，既享有邮箱、相册、文件夹等私密空间，又和学校党委、党团组织、教师、辅导员、学生骨干紧密联系在一起，让学生感受到管理和服务的同时，也感受到学校的关心和呵护、支持和鼓励。

（四）革新教育方法

互联网空间的开放性、虚拟性，信息形式的多样性、生动性，传播的快捷性、扁平性等特点，为高校思想政治教育工作者创新方法和增强教育实效，注重显隐结合、真情感染、思路与问题同步指导、"键对键、心对心"沟通交流提供了广阔空间。

1. 注重引导式教育

互联网是铸魂育人的重要阵地，占领它就抢占了大学生思想教育新高地。要充分依托互联网技术手段，构筑生动活泼、富有传播力的舆论场。要优化网络空间环境，在正面引导中使大学生作出正确的价值选择。着力强化互联网信息的权威性和可信度，坚持丰富经典原著、创新理论等教育资源，构建思想政治教育资料库，抢占思想政治教育信息传播的制高点。

2. 实行融合式教育

运用互联网信息形式多样性特征，以多种方法手段，将不同形式、不同内容的信息进行有序衔接，将教育由平面引向立体，由静态引向动态。利用网络平台，开展网上问卷调查、大数据分析，全面掌握大学生思想动态和需求，加强思想政治教育针对性。

(五)提高信息能力

美国企业家比尔·盖茨在《未来之路》中指出:"国际互联网是一个浪潮。它将冲击计算机工业以及许多其他的工业,那些在这一浪潮中还没有学会游泳的人将被淘汰。"① 互联网的出现和发展,是信息技术发展的必然结果。善于利用互联网,才能立足于将来。在互联网时代,高校思想政治教育工作者不仅要懂业务,具有崇高的使命感,还要懂互联网技术,熟悉互联网特点,能熟练进行网络操作,具备较高的信息能力。所谓信息能力,是指人们筛选、鉴别、选择、处理和运用信息的基本素质。具备较高的信息能力,是互联网时代开展思想政治教育的关键所在,它事关思想政治教育工作者能否及时、准确地把自己的政治理论观点传递给受教育者。

1. 敏锐的信息意识

教育者的信息意识是指教育者对信息的敏感度,以及捕捉、分析、判断和吸收信息的自觉程度。教育者信息意识的广度和敏锐度关系到教育者的思想政治教育水平。处在互联网环境下的教育者,如果信息意识差,认识信息、利用信息的能力就差,而且由于信息交叉渗透,具有分散性,势必会造成信息吸收困难。互联网环境要求教育者善于将互联网上新的知识信息与思想政治教育的知识信息有机结合起来,不断以新的知识信息开阔受教育者视野,启迪受教育者的思维。

2. 信息获取能力

在互联网时代,网络信息深刻地影响着人类社会。联合国教科文组织把信息技能视为 21 世纪个人必备的五大能力之一,由此可见信息技能对个人的重要性。在一定意义上,人们掌握信息的状况决定了人们的活动能否有效开展。以人为对象的教育活动更是如此。思想政治教育的过程,从特定意义上说,就是思想、政治信息的流程。信息的获取则是这一流程的开始,它的储存、传递和表现要借助于语言、文字和人的行为来实现,离不开一定的物质载体和从事实际活动的人。高校思想政治教育工作者要积极适应时代发展要求,努力搜集和利用相关网络信息,为思想政治教育提供良好的服务,满足大学生的信息需求。

---

① 罗洁. 互联网时代的教育发展 [M]. 北京:北京出版社,2018.

3. 信息处理能力

获取信息，仅仅是高校思想政治教育的第一步，在此基础上，教育者还要对信息进行深入细致的分析处理。在互联网时代，高校思想政治教育工作者要注意网络可以迅速、广泛地传播大量有用的信息，但也存在大量信息垃圾和虚假信息。如何区别网上哪些信息是真实的，哪些信息是被歪曲的？科学技术本身难以做到这一点。开放、虚拟、匿名等特性，使互联网充斥着大量的虚假信息。高校思想政治教育工作者要判断信息的真伪，从获取的信息中剔除虚假信息，以确保思想政治教育信息的真实可靠。因此，在剔除虚假信息的基础上，还需要对信息进行价值判断。对于高校思想政治教育工作者来说，在判断网络信息有无价值时，首先要从政治上着眼，从全局的高度、辩证的思维衡量它是否符合党性原则，符合人民的利益；其次要衡量它是否符合大学生的需要。这就要求思想政治教育工作者无论在多么复杂的环境中，都要保持高度的政治观察力和高度的政治敏锐性，能够分辨出真善美和假丑恶，不能被政治烟雾所迷惑。

4. 熟练利用现代信息技术的能力

高校思想政治教育工作者必须是掌握现代互联网技术的人，而不是对现代网络技术"一无所知"的"科学文盲"。因为思想政治教育信息的搜集和处理、使用都需要掌握一定的网络技术，如果不掌握现代网络技术，就不能掌握丰富的信息，就不能实现和情感的交流，就不能实现思想政治教育的信息化。对于高校思想政治教育工作者来说，要着重掌握以下两个方面的网络技术：一是有助于发挥网络功能优势的工具，如电子邮件收发工具、网络浏览工具、网络互动交流工具、搜索引擎，以及网络下载工具等；二是有关网络建设和网页设计的工具，如运用Frontpage、Flash等制作网页的技术，运用NET、PHP等动态网页技术，运用Photoshop、3Dmax等图形工具加强网络信息的视觉效果，以及运用服务器建设思想政治教育网站的技术等。如果高校思想政治教育工作者掌握这些技术，将会增强自身在学生心目中的威信，从而为高校思想政治教育的开展提供技术上的支撑。

参考文献

[1] 尹新，杨平展.融合与创新 高校教育信息化探索与实践[M].长沙：湖南科学技术出版社，2018.

[2] 陈金平.多媒体时代高校的思政教育研究[M].北京：北京工业大学出版社，2020.

[3] 李娟.全媒体环境下高校思政教育改革创新研究[M].北京：北京工业大学出版社，2020.

[4] 韩冰，李轩航.高校网络思想政治教育研究[M].哈尔滨：哈尔滨工程大学出版社，2021.

[5] 钟家全.互联网与新时代高校思想政治教育队伍建设[M].成都：西南交通大学出版社，2021.

[6] 罗大玉.高校思想政治教育研究[M].成都：电子科技大学出版社，2013.

[7] 王利平.网络环境下高校思想政治教育方法研究[M].武汉：武汉大学出版社，2020.

[8] 陈莉.新时代高校思想政治教育教学改革与实践研究[M].西安：西北大学出版社，2020.

[9] 严莹.新媒体时代高校思想政治教育研究[M].上海：上海交通大学出版社，2020.

[10] 李雪萍.高校思想政治教育的理论与实践[M].北京：中央编译出版社，2016.

[11] 杨欢，龚澍.高校思政教育信息化的探索与研究探讨[J].信息系统工程，2023（01）：152-154.

[12] 权瑞华.网络时代背景下高校思政教育工作的创新[J].江西电力职业技术学

院学报，2022，35（12）：111-113.

[13] 王娜. 信息化背景下提升高校思政教育教学质量研究 [J]. 食品研究与开发，2023，44（04）：240.

[14] 刘晓飞. 大思政视域下高校思政教育实践育人路径研究 [J]. 大学，2022（S2）：94-96.

[15] 康健. 互联网背景下高校思政教育课程改进策略探析 [J]. 延边教育学院学报，2022，36（05）：74-76.

[16] 张雯. 网络时代高校思政教育模式创新性的实践方向及实践路径研究 [J]. 湖北开放职业学院学报，2022，35（24）：9-11.

[17] 李佳. 新时代背景下高校思政教育的创新路径探索 [J]. 现代职业教育，2022（29）：148-150.

[18] 杨蕾. 网络媒介在高校思政教育中的运用分析 [J]. 中国报业，2022（20）：124-125.

[19] 李轶岚. 借助互联网提升高校思政教育实效性的研究 [J]. 科教导刊，2022（27）：101-103.

[20] 尹茜. 高校思政教育理论课程实践模式研究与探讨 [J]. 食品研究与开发，2022，43（18）：239-240.

[21] 朱彬. 高校思政教育网络资源建设研究 [D]. 南昌：南昌大学，2022.

[22] 陈功力. "互联网+"时代背景下高校思想政治教育创新研究 [D]. 西宁：青海大学，2017.

[23] 孙晓峰. "互联网+"视阈下"网红"在高校思政教育中的影响效应研究 [D]. 南京：南京邮电大学，2019.

[24] 李青. 微时代高校思想政治教育载体研究 [D]. 荆州：长江大学，2018.

[25] 刁柱. 互联网+时代高校思想政治教育的发展路径研究 [D]. 长春：吉林农业大学，2021.

[26] 贾晓宇. 信息技术应用于高校思政课改革的主要形态及其实效研究 [D]. 杭州：杭州电子科技大学，2019.

[27] 郑恒. 高校思想政治教育微载体应用存在的问题及对策研究 [D]. 武汉：华中师范大学，2018.

[28] 崔玉君. 改革开放以来高校思想政治教育话语的演变与发展趋势 [D]. 太原：太原理工大学，2017.

[29] 刘妍. "微时代"背景下高校思想政治教育创新研究 [D]. 哈尔滨：东北农业大学，2015.

[30] 张仁力. 高校大思政教育的实践路径研究 [D]. 长春：长春师范大学，2022.